Moritz Stern

König Ruprecht von der Pfalz in seinen Beziehungen zu den Juden

Ungedruckte Königsurkunden nebst ergänzenden Aktenstücken

Moritz Stern

König Ruprecht von der Pfalz in seinen Beziehungen zu den Juden
Ungedruckte Königsurkunden nebst ergänzenden Aktenstücken

ISBN/EAN: 9783743353831

Hergestellt in Europa, USA, Kanada, Australien, Japan

Cover: Foto ©ninafisch / pixelio.de

Manufactured and distributed by brebook publishing software
(www.brebook.com)

Moritz Stern

König Ruprecht von der Pfalz in seinen Beziehungen zu den Juden

König Ruprecht von der Pfalz

in seinen Beziehungen zu den Juden.

Ungedruckte Königsurkunden
nebst ergänzenden Aktenstücken.

Gesammelt und mitgeteilt

von

Moritz Stern.

———⋗⟩⧳⟨⋖———

Kiel 1898.
H. Fiencke.

DEM ANDENKEN MEINES LEHRERS

JULIUS WEIZSÄCKER.

Vorwort.

Eine Anregung seitens des Herrn Prof. Julius Weizsäcker sel. A. veranlasste mich im Sommer 1893 bei einem kurzen Aufenthalte in Karlsruhe, im dortigen Generallandesarchiv einige der in der Einleitung zum vierten Bande der Deutschen Reichstagsakten besprochenen Copialbücher der Pfalz auf Judensachen hin durchzusehen. Die Archivdirektion war dann so entgegenkommend, mir das an Judensachen so reichhaltige Copialbuch 467 zur eingehenden Excerpierung nach Kiel zu senden. Die gewonnenen Resultate vermehrte ich durch andere Ruprechtsurkunden und ergänzende Aktenstücke, die ich gelegentlich verschiedenen Archiven, insbesondere dem Frankfurter Stadtarchir, entnommen hatte.

Es lag mir fern, alle noch ungedruckten auf Juden bezüglichen Urkunden König Ruprechts zu sammeln. Nur die Karlsruher Copialbücher 467 (früher 8½) und 548 (früher 149) wurden vollständig ausgenutzt. Aber auch so bieten die folgenden Blätter nicht weniger als 55 Königsurkunden, von denen nur 19 bisher im Regest bekannt oder kurz erwähnt waren, 2 im unvollständigen Extrakt vorlagen, 34 aber, bisher völlig unbekannt, hier zum ersten Male erscheinen[1]. Zur Ergänzung dienen im Texte 21 Urkunden, von denen man bisher nur 4 durch Regest oder Er-

---

[1] Die Seiten 1—64 wurden im März 1895 gedruckt. Seitdem hat Löwenstein, Gesch. d. Juden i. d. Kurpfalz, von den bisher unbekannten Urkunden zwei erwähnt (S. 21 Anm. 1 ohne Datum: unsere nr. 14; ibid. Anm. 2: unsere nr. 20) und eine gedruckt (S. 286-87 ohne Kanzleiunterschrift und nicht ganz genau: unsere nr. 13).

wähnung kannte, die übrigen 17 hier zum ersten Male vorfindet[1]. Abgesehen von dem in den Noten gedruckten oder citierten Material waren also von 76 Textnummern 23 im Regest bekannt oder erwähnt, 2 im Extrakt gedruckt, die übrigen 51 bisher unbekannt.

Den Verwaltungen der von mir benutzten Archive, besonders den Direktionen in Karlsruhe und Frankfurt am Main, an dieser Stelle meinen Dank auszusprechen, ist mir angenehme Pflicht.

Für den Abdruck der Texte sind die Weizsäckerschen Editionsregeln massgebend gewesen.

St.

[1] Bei dieser Zählung ist bereits berücksichtigt, dass unsere nr. 74 in den Regesta boica 12,64 (vgl. 12. 247-248), daraus bei Wiener 166 nr. 445 (vgl. 180 nr. 507), verzeichnet ist und in der Historia Norimbergensis diplomatica (Nürnberg 1738). 528-530 nr. 284 im ungenauen Drucke vorliegt.

Einleitung.

Die *Charakterschilderung des Königs Ruprecht von der Pfalz,
die sich bei dem jüdischen Chronisten David Gans in dessen Ge-
schichtswerke 'Zemach David' (Prag 1592) findet:* ויהיה מלך חסיד
מניו וירא אלקים . . . איש חכם ונבון מניו ירא אלקים איהב משפט חונן דלים
'Ruprecht war ein frommer, demütiger und gottesfürchtiger König' . . .
*'ein weiser, verständiger und demütiger Mann, der das Recht liebte
und den Armen gnädig war'* ist bisher mit Unrecht auf das Ver-
hältnis Ruprechts zu den Juden bezogen worden[1]. Die citierten Worte
stehen im zweiten Teile[2] des Gansschen Werkes, der lediglich eine
Weltchronik mit einigen wenigen eingestreuten Nachrichten zur Ge-
schichte der Juden enthält. Für die Zeit Ruprechts fehlt dort jede
Notiz über die Glaubensgenossen des Autors. Der Grund hierfür ist
nicht zweifelhaft. David Gans hat schwerlich über das Schicksal
der Juden unter Ruprecht auch nur das Geringste gewusst! In den
christlichen Chroniken, die Gans auszog, fand sich darüber nichts.
Ebenso wenig konnten ihm die jüdischen Quellen Aufschluss geben,
da diese den Namen König Ruprechts nicht einmal erwähnen. Die
von David Gans gebrauchten Worte sind aus seiner christlichen, von
ihm ausgeschriebenen Vorlage herübergenommen! Man vergleiche z. B.
die Übereinstimmung mit der Charakteristik Ruprechts bei dem ano-
nymen Fortsetzer des Nicolaus Burgmann (Oefele, Rerum boic. scrip-
tores 1,607): 'Hic Rupertus pius, devotus ac deum timens, pacem

---

[1] Kayserling in Mtsschr. f. Gesch. u. Wiss. d. Judentums 1860, 286.
Wiener, Regesten S. 74.

[2] Bl. 93r zu den Jahren 1400 und 1410. Vgl. das Urteil über Sigismund,
der wie Ruprecht, 'ein weiser, verständiger, demütiger und gottesfürchtiger
Mann' genannt wird (Bl. 94v z. J. 1438).

et justitiam quaerens'. Es ist also nichts mit dem guten Namen[1], den Ruprecht in der Geschichte der Juden haben soll.

Er hat übrigens einen solchen Ruf in seinen Beziehungen zu den Juden garnicht verdient. Der Wappenschild des 'potentissimi, christianissimi, justissimi et virtuosissimi principi electi'[2] ist durch den Makel der Vertreibung und dauernden Ausschliessung der Juden aus der Pfalz befleckt. Wir sehen in dieser Hinsicht heute klarer wie früher, seitdem durch den Fleiss Willes die Regesten der Pfalzgrafen am Rhein bis 1400 gesammelt vorliegen und für die Folgezeit die auf Pfälzer Juden bezüglichen Eintragungen der Karlsruher Copialbücher seitens des dortigen Landesarchivs an Löwenstein auszüglich mitgeteilt wurden.

Im Verein mit seinem Vater, dem Kurfürsten Ruprecht II. (1390-1398), hat Ruprecht III. (geb. 1352), der nachmalige König, bald nach dem Tode Ruprechts I. (1353-1390) die Juden aus der Kurpfalz und dem Herzogtum Baiern, der Oberpfalz[3], vertrieben. Dass keineswegs etwa nur ein Ablauf der mit den Juden geschlossenen Contrakte, sondern eine wirkliche Vertreibung innerhalb der von Ruprecht I. verbrieften Schutzjahre stattgefunden hat, war bisher bereits durch die Erklärung Ruprechts II. in der Urk.[4] von 1394 Febr. 9 'als wir die Jüden da und anderswo unsers landes verwiset han' *bekannt. Nunmehr liegt auch das Verbannungsdekret[5] in unserer Urk. nr. 6 auszüglich vor[6]. Da merklicher, geistlicher und weltlicher*

---

[1] Brisch, Gesch. d. Juden in Cöln 2, 21. Güdemann, Gesch. d. Erziehungswesens u. d. Cultur d. Juden 3, 35.

[2] Höfler, Ruprecht v. d. Pfalz, S. 181 Anm. 5.

[3] Die beiden letzten bekannten Amberger Judenurkunden rühren aus den Jahren 1389-1390 her: Archivalische Ztschr. ed. Löher 2, 286. 1409 Dez. 8 verlieh K. Ruprecht einem Amberger Priester die Einkünfte des Altars 'Unserer Frauen' in der Frauenkapelle zu Amberg, die früher eine Judenschule war, und gab ihm dazu das gegenüberliegende, früher dem Juden Symond gehörige Eckhaus; gleiche Verleihung durch Pfalzgraf Ludwig 1410 Nov. 9: Reg. boica 12, 53, 82; Wiener 68 nr. 95, 167 nr. 453.

[4] Koch-Wille, Reg. nr. 5536.

[5] Abdruck aus dem Münchener Original. Seitdem hat Löwenstein S. 19-20, ohne Kenntnis des in den Reg. boica vorliegenden Regests, einen Extrakt aus der Abschrift des Pfälz. Copialbuchs 514, 69 mitgeteilt.

[6] Selbst angenommen, dass das in Urk. nr. 6 erwähnte Dekret Ruprechts von ihm erst 1401 oder 1398 beim Regierungsantritt erlassen wurde — wozu indess wenig Veranlassung vorliegt — so ist es doch nur eine Wiederholung des Verbannungsdekretes von 1390. Die darin ausgesprochene Gesinnung hat

Schaden, sowie manche sündigen Werke, durch den Wucher der Juden und überhaupt durch das öffentliche Wohnen und die Gemeinschaft der Juden mit den Christen entstanden, sollten für ewige Zeiten kein Jude oder Jüdin in der Pfalz oder im Herzogtum Baiern sesshaft sein. Eine besondere Verschuldung, welche die Ausweisung der Jud n bewirkte, war demnach nicht vorhanden. Nach den geltend gemachten Bedenken hätten die Juden aus allen christlichen Landern vertrieben werden müssen. Trotz seiner sonstigen Frömmigkeit widersprach Ruprecht III. mit dem Verfahren gegen die Juden den Lehren seiner eigenen Kirche, die den Verkehr von Juden mit den Christen für nützlich, ja sogar für notwendig hielt[1]: 'utilis tamen est et necessaria quodammodo Christianis conversatio eorundem, qui salvatoris nostri habentes ymaginem et ab universorum creatore creati'. Selbst *Innocenz IV.* sah sich veranlasst, festzustellen[2]: 'Catholice religionis mansuetudinem, que illos in suam cohabitationem admittens[3] in propriis decrevit ritibus tolerandos'. *Noch Bonifaz IX.,* der selbst sich jüdischer Leibärzte bediente und diese als Hausgenossen (!) hatte[4], erneuerte die bekannte Schutzbulle für die Juden 'Sicut Judaeis'. *In der Pfalz aber mussten damals die Juden unter Zurücklassung ihrer liegenden Güter, Synagogen und Friedhöfe, mit Verlust ihrer Schuldforderungen[5], den Wanderstab ergreifen.* 'Volentibus illustri

Ruprecht sich unmöglich erst in den Jahren 1391-1398 oder -1400 angeeignet, wo er mit Juden so gut wie garnicht zu thun hatte. Sie muss ihn bereits erfüllt haben, als er mit seinem Vater zur Ausweisung der Juden schritt.

[1] Gregor IX. 1233 April 6: Stern, Urkundl. Beiträge über d. Stellung d. Päpste z. d. Juden 2, 29.   [2] 1247 Mai 28: Stern. 2, 61.

[3] Vgl. gerade aus d. J. 1390 in dem Urkundenformular Wenzels 'pietas christiana sustineat et eorum cohabitationem benigne admittat' RTA 2, 312 Anm. 1.

[4] Stern 1, 17. Vogelstein-Rieger, Gesch. d. Juden in Rom 1, 317.

[5] Siehe weiter S. XI. Diejenigen Schuldurkunden, die der Ausplünderung entgingen und von den vertriebenen Juden mitgenommen wurden, verfielen bald darauf dem Schuldentilgungsgesetz Wenzels 1390 Sept. 16. Den Vertrag der Stadt Mainz 1391 Jan. 9 mit dem Pfalzgrafen Ruprecht II. und dem Erzbischof Konrad von Mainz über die gegenseitige Anwendung des Kgl. Erlasses siehe RTA 2, 340-342. Wenn dort S. 340₂₂ festgesetzt wird, dass die Schuldbriefe auch 'von den Juden, die under den vorgnanten zwein fursten odir aber under iren mannen burgmannen amptluden paffen geistlichen und werntlichen bürgern dieneren un d den iren gesessen sint, die diser gnade gebrúchen wolnt' zurückzugeben seien, so kann sich dies, was Ruprecht II. und seine Unterthanen betrifft, nur auf die Reichsjuden in Oppenheim, Odernheim, Niederingelheim siehe S. XIII und auf diejenigen Schuldbriefe beziehen, welche die Juden vor ihrer Vertreibung an Ruprecht II. hatten ausliefern müssen.

bus principibus Ruperto seniore et Ruperto juniore' *wurde die Judenschule zu Heidelberg in eine Marienkapelle verwandelt*[1] und *1391 Dez. 26 durch den Bischof Ekhard von Worms feierlich eingeweiht.*[2]

In der Entscheidung, ob die Judenvertreibung mehr Ruprecht II. oder Ruprecht III. zur Last zu legen ist, kann man nicht schwanken. Würde Ruprecht II. von Anfang an so wie sein Sohn über die Juden gedacht haben und der grosse Judenfeind gewesen sein, für den er bisher galt,[3] *wer hätte ihn, der bereits zu Lebzeiten seines Onkels Ruprecht I. einen Teil der rheinischen Pfalz sowie die Oberpfalz selbstständig regierte, hindern können, die Juden aus den ihm unterstellten Gebieten bereits vor 1390 zu verweisen?* Weit davon entfernt, dies zu thun, erneuerte er vielmehr nach dem Antritt der alleinigen Regierung (1390 Febr. 16) noch am 24. April den von Ruprecht I. für seinen Schreiber Adolf zu Lautern ausgestellten Brief, durch den der Schreiber 1388 Juli 19 die Nutzniessung der Judenschule zu Lautern bekommen hatte mit der Bedingung, das Haus in gutem Zustande zu erhalten und wieder zurückzugeben, sobald sich Juden dort wieder niederliessen und das Haus zu einer Judenschule begehrten.[1] Ruprecht II. hat also Ende April 1390 noch nicht die Absicht gehabt, die Juden zu vertreiben. Es hätte dies auch nicht den Grundzügen seines Charakters entsprochen, in dem 'Klugheit und vorsichtige Berechnung, ein schlauer Ehrgeiz und ein praktischer, sehr nüchterner Sinn'[5] vereinigt waren. Sein Vorteil gebot ihm, die Juden zu schützen und aus ihrem Gewerbe seinen Profit zu ziehen. Wenn er dennoch plötzlich über Nacht die 'sündigen' Folgen erwog, die der Wucher der Juden und ihr Weilen unter der Christenheit nach sich zogen, und sich darauf auf immer seiner jüdischen Unterthanen entledigte, so muss er unter dem Einflusse seines Sohnes gehandelt haben, der die Verwaltung der Oberpfalz führte und gleichzeitig bei allgemeinen Angelegenheiten des Landes von Wichtigkeit mit dem Vater zusammenwirkte. Nur in einem so kirchlich einseitigen Geiste, wie in dem

[1] Bereits in der Urk. von 1391 Mai 21 (Winkelmann, UB. der Universität Heidelberg 1, 52) heisst es von dieser Heidelberger Synagoge 'daz nu genant ist unser frawen cappelle'. Die gleiche Verwandlung ging mit der Amberger Synagoge vor sich: S. VIII Anm. 3.
[2] Koch-Wille 6770.
[3] Löwenstein S. 15-16.
[1] Koch-Wille 4784, 5196. Löwenstein S. 14 Anm. 1.
[5] Häusser, Gesch. d. rheinischen Pfalz, S. 211-212.

Ruprechts III., konnte der Gedanke von der Sündhaftigkeit dessen entstehen, was seitens der Papste gebilligt wurde. Nicht wer in einer Schutzurkunde für jüdische Täuflinge wie Ruprecht II. nur von 'jüdischer Blindheit und Bosheit' sprach[1], sondern wer sich so scharf wie Ruprecht III. ausdrückte 'despecto perniciose incredulitatis devio et judaice pravitatis detestanda versucia'[2] dürfte die ersten Schritte zur Pfälzer Judenaustreibung gethan haben.

Bald nach April 1390 muss es Ruprecht III. gelungen sein, den Vater zu überreden. Diesen mochte der Umstand bestimmen, dass ihm bei einer Vertreibung die Häuser und sonstigen liegenden Güter der Juden anheimfielen, noch mehr aber, dass man natürlich die durch Sünde befleckten Schuldurkunden den Juden nicht lassen durfte und so unter dem Scheine der Frömmigkeit seine Geldkassen bereichern konnte.

Das Monatsdatum der Ausweisung steht nicht mit Sicherheit fest. Die erste erhaltene Nachricht[3] über Verkauf und Verschenkung anheimgefallener jüdischer Güter durch die Pfalzgrafen datiert von 1391 Febr. 22. Jedoch sind nicht alle Verkaufsurkunden der Judengüter in die Copialbücher eingetragen worden. Andererseits ist es auch möglich, dass sich vor Febr. 1391 zum Verkauf kein Anlass oder Gelegenheit bot.[4] Jedenfalls wird das Vertreibungsdekret dem Schuldentilgungsgesetz Wenzels vom 16. Sept. vorausgegangen sein; denn nach dem königlichen Schuldenerlasse wäre die Vertreibung von nur geringem Nutzen gewesen und deshalb schwerlich von Ruprecht II. angeordnet worden.

So wurden die Juden aus beiden Pfalzen ausgeschlossen und

---

[1] 1393: Koch-Wille 5523.

[2] 1404 Jan. 5: Ztschr. f. d. Gesch. d. Oberrheins ed. Mone 9, 279.

[3] Haus und Hof des Juden Mocke in Ladenburg, sowie die Judenschule daselbst: Koch-Wille 5301; Haus des Juden Süsskind und andere Judengüter in Weinheim 1391 März 20: Koch-Wille 5306. Löwenstein S. 16; Haus des Juden Gotschalk und Zubehör in Alzey 1391 Apr. 9: Koch-Wille 5314, Löwenstein a. a. O.; die Judenhäuser, Friedhof etc. in Heidelberg 1391 Mai 21: Koch-Wille 5321; die Judenschule nebst Gärtchen in Neustadt 1394 Febr. 9: Koch-Wille 5536; Haus und Güter des Juden Jacob in Wilberg 1398 1400: Koch-Wille 6330; Haus und Zubehör des Juden Vyfelin in Neustadt 1401 Juli 25: Löwenstein S. 19 Anm. 1; Haus und Hof des Juden Elias in Weinheim 1403 Apr. 18: weiter S. 12 Anm. 1. Ebenso war die Judenschule in Bacharach in christlichen Privatbesitz übergegangen: Koch-Wille 6262.

[4] Wie lange einzelne Judenhäuser in pfalzgräflichem Besitz blieben, bis sie verkauft oder verschenkt wurden, ist aus der vorhergehenden Note zu ersehen.

blieben es, so lange *Ruprecht II.* lebte, und erst recht, als *Ruprecht III.* 1398 Jan. 6. nach dem Tode seines Vaters die Regierung des ganzen Landes übernahm. Die Wahl Ruprechts zum deutschen König (1400 Aug. 21) und seine Krönung (1401 Jan. 6) haben hieran nicht das Geringste geändert. Selbst für die Zukunft glaubte Ruprecht durch eine Art Hausgesetz hinsichtlich der Juden sorgen zu müssen. Ehe er im August 1401 Heidelberg verliess, bestellte er die Angelegenheiten seiner Familie und seines engeren Landes[1]. Durch Eidschwur mussten ihm da 1401 Aug. 1 seine Söhne Ludwig und Johann, unter Hinweis auf die von dem Vater angeordnete ewige Verbannung der Juden, für sich und ihre Erben geloben[2], in keinem Schlosse jemals einen Juden oder eine Jüdin wohnen zu lassen, noch deren Aufnahme den Untergebenen zu gestatten. Pfalzgraf Ludwig freilich hat sich später um den bei den Heiligen gethanen Schwur nicht immer gekümmert, vielmehr als Kurfürst (1410-1436) einzelne Juden in kleineren Orten wieder aufgenommen[3]. Aber König Ruprecht selbst blieb bis zum Tode (1410 Mai 18) seinem Vorsatze treu und duldete keinen Juden, weder in der Kurpfalz, noch in der Oberpfalz.

Wenn Löwenstein dagegen ausführt, dass Ruprecht, so lange er nur Pfalzgraf war, die Ausschaffung der Juden aus seinem Gebiete besorgte, als König aber sie in der Pfalz duldete, indem er ihre Privilegien in Oppenheim 1400 Sept. 4 bestätigte[4] und ebendort 1403 Apr. 30[5] und Mai 18[6], sowie in Odernheim[7] 1403 Nov. 4 neue Judenaufnahmen gestattete[8], so ist Löwenstein über die Verhältnisse der Pfalz unter Ruprecht nicht orientiert.

---

[1] Häusser S. 228.

[2] Urk. nr. 6.

[3] z. B. 1426 in Eppingen: Löwenstein S. 22. Ludwig mochte 'in keyme unserm slosse' Urk. nr. 6 wörtlich fassen und nur auf Schlösser und Städte beziehen; dem Sinne und Zusammhang nach sollten jedoch die Juden in der ganzen Pfalz nicht aufgenommen werden. Oppenheim, Odernheim, Niederingelheim Löwenstein S. 20 Anm. 2, S. 22 waren von dem Verbannungsdekrete und dem Gelübde nicht betroffen worden: siehe darüber weiter.

[4] Chmel nr. 9. Wiener 53 nr. 1.   [5] Urk. nr. 12.

[6] Urk. nr. 13.

[7] Zschr. f. d. Gesch. d. Oberrheins ed. Mone 8, 17. Wiener 254 nr. 40a. Das Privileg wurde 1407 Nov. 7 Alzey auf weitere vier Jahre erneuert. Auch für Oppenheim muss damals eine Erneuerung stattgefunden haben.

[8] Als weiteren Beleg für Aufnahme von Juden in der Pfalz führt Löwenstein den Schutzbrief 1404 März 4 für den Juden Gotschalk aus Kreuznach an Chmel nr. 1699 und S. 233, Wiener 61, 48 u. S. 73. Kreuznach kam erst

Aus Oppenheim, Odernheim[1] und Niederingelheim waren die Juden 1390 überhaupt nicht vertrieben worden; denn diese Orte waren Reichsbesitz und nur auf Lebenszeit an Ruprecht II. und Ruprecht III. verliehen worden. Da nach dem Tode der beiden Pfalzgrafen die genannten und andere[2] Städte, Burgen, Schlösser und Dörfer an das Reich zurückfallen sollten, konnte von einer Verbannung der dort wohnenden Juden gar keine Rede sein. 1398 wurde aus der Verleihung auf Lebenszeit ein erblicher Pfandbesitz[3], und 1402 verpfändete Ruprecht als König die Stadt Oppenheim und die übrigen Orte an seinen Sohn Ludwig bis auf Wiedereinlösung. 1407 Juli 30 ward dem Pfalzgrafen Ludwig und seinen Erben in Oppenheim gehuldigt[4]. Erst jetzt wäre es möglich gewesen, das Verbannungsdekret auch auf die Juden der neuerworbenen Orte Oppenheim, Odernheim und Niederingelheim auszudehnen. Doch musste dies unterbleiben, nicht aus Liebe zu den Juden, sondern weil das Streben der Pfalzgrafen dahin ging, den neuen Erwerb mit möglichster Schonung der bestehenden Einrichtungen an ihr Haus und Stammland anzugliedern[5]. In den genannten Orten wurden daher Juden nach wie vor aufgenommen. Sie wurden nicht anders behandelt als die übrigen Juden des Reichs.

Bei letzteren konnte Ruprecht nicht die Grundsätze anwenden, die er bei seinen Pfälzer jüdischen Unterthanen hatte gelten lassen. Die Juden waren nicht nur dem König, sondern auch den Fürsten, Herren, Städten etc. unterthan, zu einem Teil sogar ihnen verpfändet. Es war daher an eine Austreibung wie in der Pfalz nicht zu denken.

1416 durch Schenkung der Gräfin Elisabeth von Sponheim an die Pfalz! Der Kgl. Steuerbote Elias von Weinheim wohnte nicht im pfälzischen Weinheim, sondern im kurmainzischen Bensheim, als Hintersasse des Erzbischofs; 1403 Okt. 6 nimmt ihn dort Ruprecht in seinen besondern königlichen Schutz: Urk. nr. 14.

[1] Vgl. in der Urk. 1403 Nov. 4 (Mone Ztschr. 2. 17): 'als gewonlich ist, Judenburger daselbst zu Odernheim zu schuren und zu schirmen'.

[2] Oppenheim, Odernheim, Ober- und Niederingelheim. Schwabsburg. Nierstein, Wintersheim.

[3] Es kam damals noch Kaiserslautern hinzu.

[4] Franck, Gesch. d. ehemaligen Reichsstadt Oppenheim S. 61 ff. Höfler. Ruprecht v. d. Pfalz S. 287-288. Weizsäcker RTA 5, 362. 402. 6, 202.

[5] Franck S. 66. In Oppenheim und Odernheim gehörte die Judensteuer zu den Lehen der Burgmannen. Siehe S. 11 Anm. 3. Chmel nr. 2322 Wiener 65 nr. 77 und Franck S. 104, 188; betreffs Odernheim: Mone Ztschr. 2, 17.

*Da er sie aber dulden musste, glaubte er, wenigstens den möglichst
grössten Vorteil von ihnen ziehen zu sollen.*

*Die Juden des Reichs waren ihm lediglich Steuerobjekte. Ruprecht
würde sie gleich seinen Vorgängern Karl IV. und Wenzel ausge-
plündert haben, wenn er nur dazu die Macht gehabt hätte. Bei seiner
Kunst der Steuereinziehung wäre es ihm nicht schwer gefallen, trotz
des von Wenzel nur wenige Jahre vorher vorgenommenen Aderlasses
die erschöpften Kammerknechte aufs neue zu schröpfen.*

*An gutem Willen hierzu hat es ihm nicht gefehlt. Dass er an
seinem Krönungstage 1401 Jan. 6 in einem an Nürnberg erteilten
Privileg[1] die Judenschuldentilgung Wenzels von 1390 Sept. 16 für
Nürnberg, Rothenburg, Schweinfurt, Windsheim und Weissenburg
bestätigte, ist allerdings nicht besonders auffallend. Ruprecht hätte,
selbst wenn er geradezu ein Judenfreund gewesen wäre, die Reichs-
gesetzgebung von 1390 nicht rückgängig machen können. Hier fand*

---

[1] Siehe S. 59 40-42. Wiener 54 nr. 5 giebt unrichtig an, dass Ruprecht
das Privileg Wenzels dahin erweitert, dass alle von den Juden zurückgehaltenen
Schuldurkunden tot und unkräftig seien und, wenn jemand den Juden zu ihrer
Schuld zu verhelfen suche, dies als Raub angesehen werden solle. Was
Wiener als Zusatz Ruprechts ansieht, steht bereits wörtlich in der Urk. Wenzels.
Siehe RTA 2, 323 nr. 183, übereinstimmend mit 2, 313·314 nr. 174 artt. 5·6.
Zur Erlangung der Bestätigung sah sich Nürnberg veranlasst, weil noch immer
nicht alle Schuldurkunden aus der Zeit vor dem Erlass von 1390 seitens der
Juden zurückgegeben waren und die Stadt nicht nur der 30 %·0 verlustig ging,
sondern noch dazu von auswärtigen Adligen, die sich der jüdischen Gläubiger
annahmen, bedrängt wurde ('wie in etliche an solchen gnaden und ledigungen
einfal ze machen und dawider sich umb ein teil Juden und Judenschulde gen
in und den iren anzenemen mainen und darumb die iren und ire gute, habe
und kaufmanschaft zu hindern, aufzehalten und zu bekumern': aus dem
Nürnberger Vidimus der Urk. Ruprechts; vgl. Chmel nr. 65). Indessen hat
die Bestätigung Ruprechts nicht viel genützt. Erst 1403 Jan. 30 wurde die
Fehde zwischen Nürnberg und dem Ritter Ulrich von Empts, dem Beschützer
der Ulmer Juden Isak und Viflin, beigelegt und verpflichteten sich die ge-
nannten Juden zur Auslieferung der Schuldurkunden: Stern, Die isr. Bevölkerung
d. deutschen Städte 3, 283 Anm. Noch 1409 wurden seitens der nach Italien
gezogenen Nürnberger Jüdin Jutte und deren Söhne auf Grund von Schuld-
briefen, die dem Schuldentilgungsgesetz von 1390 hätten unterliegen sollen,
Forderungen an Nürnberg erhoben. In dem darauf von der Stadt beim Kgl.
Hofgericht anhängig gemachten Prozesse verlangte Nürnberg für das Einbehalten
der Briefe und für die dadurch erlittene Schädigung nicht weniger als 2000
Mark in Gold und erhielt nach geschehener Ächtung der Juden deren in
Nürnberg zurückgelassenes bewegliches und unbewegliches Gut zum Pfand.
Siehe unsere Urkk. nr. 72·74 und Isr. Bevölkerung 3, 287-288.

*er gegebene Verhältnisse vor, die zu andern nicht von seinem Willen
abhing. Dazu gehörte noch diese Bestätigung, die sich natürlich nur
auf die vor 1390 Sept. 16 gemachten Schulden bezog, zu denjenigen
Privilegien, deren Verleihung Nürnberg als Bedingung für die An-
erkennung des Königs gestellt hatte[1].*

*Blieb hiernach die Gesinnung des neuen Königs noch zweifelhaft,
so sahen bereits drei Tage später die deutschen Juden, was sie von
Ruprecht zu erwarten hatten. Am 9. Jan 1401 gab er den Juden
in Mainz und Köln einen sogenannten Gnadenbrief[2], desgl. am 10. Jan.
den Juden zu Frankfurt, Worms, Speyer und Landau, am 11. Juli
den Juden zu Schlettstadt, am 28. Sept. denen zu Colmar. In allen
diesen gleichlautenden Gnadenbriefen wies er auf die Judenschulden-
tilgung K. Wenzels hin und versprach:* 'daz wir solicher laube und
verhengnisse bynnen diesen nechsten drin jaren nit tun wollen.' *Was
K. Wenzel erst nach Unterhandlungen und in Übereinstimmung mit
Städten und Fürsten sich erlaubte, galt Ruprecht schon als selbstver-
ständliches königliches Recht. Nur drei Jahre giebt er den Juden
Schonzeit, dann gilt sein Recht, sie ihrer Schuldurkunden zu berauben
und durch Einigung mit den Schuldnern oder deren Obrigkeiten seine
Kassen zu füllen. Diese in Aussicht gestellte Schuldentilgung stand
einer bereits verhängten in ihrer schädlichen Wirkung nicht viel
nach; denn sie beeinträchtigte nicht nur den Geldleihverkehr der Juden,
da diese beim Ausleihen nicht wissen konnten, ob die kurz bemessenen*

---

[1] RTA 4, 285-286 art. 1m. Höfler, Ruprecht v. d. Pfalz S. 376, dem
Wiener in Mtsschr. f. Gesch. u. Wiss. d. Judts. 1863, 421 folgt, entschuldigt
die Bestätigung der Judenschuldentilgung damit, dass Ruprecht damals noch
von den Kurfürsten abhängig war und nach deren Willen manches verfügte.
Höfler würde zu dieser Auffassung nicht gekommen sein, wenn er die Ver
einbarung des Nürnberger Rats mit den drei Bevollmächtigten Ruprechts ge
kannt hätte. 'Infolge dieses Vertrages, nicht aus besonderer Gunst und Vorliebe',
geschweige denn weil er unter dem Einflusse der rheinischen Kurfürsten handelte,
'stellte K. Ruprecht an seinem Krönungstage zu Köln ... jene lange Reihe
von Privilegienurkunden aus' Hegel, Die Chroniken der deutschen Städte 1, 192 .

[2] Für die Juden in Mainz: Chmel nr. 96, in Köln: nr. 95, in Frankfurt:
nr. 97, in Worms, Speyer und Landau: nr. 98, in Schlettstadt: nr. 537, in
Colmar: nr. 981. Aus Chmel bei Wiener 54 nr. 6-9, 55 nr. 14, 57 nr. 28.
Der Mainzer Gnadenbrief ist von Chmel S. 192 abgedruckt, daraus bei Schaab,
Diplom. Gesch. d. Juden zu Mainz, S. 108-110 und bei Wiener S. 69-70; im
Pfälz. Copialbuch 459 (Bad. Landesarchiv) befindet er sich auf fol. 23. Die
übrigen Urkk. stimmten mit dem Privileg für die Mainzer Judenschaft wörtlich
überein, wie dies die Angaben im Pfälz. Copialbuch 459, 24 ausdrücklich besagen.

Fristen der Rückzahlung von den Schuldnern innegehalten werden wurden, sondern legte auch für die nächste Zeit grössere Geldgeschäfte, die sich auf langer als drei Jahre erstreckten, völlig lahm. Während K Wenzel 1391 Apr. 22 den Juden feierlich versprochen hatte[1], dass eine Schuldentilgung 'furbas nicht mer gescheen sulle' und dadurch wieder verhältnismässige Ruhe und Sicherheit dem Darlehnsgeschäfte verliehen war, bedrohte Ruprecht von neuem den jüdischen Erwerb. Freilich blieb es nur bei der Drohung. In den Gnadenbriefen des Jahres 1404 hat er sogar sein Versprechen, die Judenschulden nicht tilgen zu wollen, auf weitere drei Jahre ausgedehnt[2]. Aber das Damoklesschwert der drohenden Schuldentilgung war dadurch nicht beseitigt. Im Gegenteil! Der König war den Fürsten mit gutem Beispiele vorangegangen. Diese glaubten nunmehr, selbstständig in gleicher Weise gegen die Juden vorgehen zu können. So hat bald darauf der Mainzer Erzbischof Johann II. durch Erlass[3] von 1405 Nov. 27 ein Fünftel der Judenschulden in seinem Stift an Kapital und Zinsen getilgt — nur die von der Geistlichkeit und dem Adel gemachten Schulden wurden ausgenommen[1] — und für die übrigen vier Teile unverzinsliche Fristen gestattet.

Woran die Ausführung der von Ruprecht geplanten Juden-schuldentilgung scheiterte, ist nicht schwer zu erraten. Fürsten und Städte wollten ihre jüdischen Schäfchen alleine scheeren. Auch der im Jahre 1405 gemachte Versuch einer ausserordentlichen Besteuerung der Juden ist aus demselben Grunde missglückt. Während Ruprecht für die Schuldentilgung in Wenzel ein Vorbild hatte, war er bei der beabsichtigten Kleidersteuer ganz Original. Nicht darum, dass die Juden als solche gekennzeichnet seien, war es ihm zu thun, sondern die von ihnen für die Vernachlässigung der kirchlichen Anordnung zu zahlende Strafsteuer war sein Ziel. 'Als wir itzund an die Ju-

---

[1] Ennen, Quellen z. Gesch. d. Stadt Köln 6, 32.

[2] Pfälz. Copialbuch 459, 24: 'Item in der obgeschrieben formen ist ein brief geben der Juden zu Hagenauwe, zu Sletzstad, zu Colmar, Molnhusen, zu Keyserspreg und zu Ehenheim, additum: bynnen diesen drin jaren nechst nacheinander volgende nach datum diss briefs nit tun wollen; additum: als vorgeschrieben stet die obigen. dru jare staete und ganz verliben. Geben zu Heydelberg of den heyligen pfingstag in dem jare, als man zalte nach Crists geburte XIIII° und vier jare unssers richs in demvier den jare'. Reg. Chmel nr. 1747 Wiener 61 nr. 50.

[3] Bodmann, Rheingauische Alterthümer (II, 714. Schaab S. 110-111 irrtumlich zum 1. Dez.

[1] Weil 'Pfaffen und edellute' keine Schatzung an den Erzbischof zahlten.

discheid gemeinliche in Dutschen landen ein vorderung dun wollen von
der cleider[1] wegin, das sie anders gecleidet gent dann sie dun solten'
*sagt er in der Urk. nr. 38 von 1405 Aug. 17 und verspricht, aus
Freundschaft und Liebe zum Regensburger Rat an die dortigen Juden
die Forderung nicht thun zu wollen. An demselben Tage verspricht
er dem Regensburger Bürger Leonhard Sittauwer[2] ein Fünfzehntel
der Steuer, die er von den deutschen Juden verlangen will; im Nicht-
zahlungsfalle solle sich Sittauwer an Land und Leuten Ruprechts ent-
schädigen.[3] Die ganze Misère des damaligen deutschen König-
tums spiegelt sich in diesen beiden Urkunden wieder. Noch be-
vor der König die Steuer fordert, muss er gleich bei der ersten Stadt
darauf verzichten; noch ehe er die geplante Forderung verwirklicht,
muss er bereits zur Zahlung irgend einer Schuld oder eines Lohnes
einen Teil der zu erwartenden Beute abgeben. Und schliesslich ent-
geht ihm diese! In einigen Städten, wie in Frankfurt am Main[1],
war die Voraussetzung des Königs eine irrige, der Judenhut wurde
in der That dort getragen. In den andern Städten und Bezirken
aber, wo sich die Juden um die kirchlichen Vorschriften nicht kümmerten,
ist es teils zu einer Steuerforderung garnicht erst gekommen, teils
dürfte der König, wo er Ansprüche geltend machte, auf Widerstand
der Fürsten und Städte gestossen sein und demzufolge seinen Plan
fallen gelassen haben. Gerade vier Wochen, nachdem Ruprecht die
erste Andeutung seines Vorhabens gemacht hatte, verbanden sich gegen
ihn in Marbach am 14. Sept. 1405 der Mainzer Erzbischof Johann,
Graf Eberhard von Württemberg, Markgraf Bernhard von Baden,
die Stadt Strassburg und 18 Reichsstädte Schwabens. Gleich im Be-
ginn der Bundesartikel heisst es deutlich[5], dass der Bund geschlossen
sei für den Fall 'das er (der König) oder yeman anders, wer der*

---

[1] Die übliche Kleidertracht war der spitze Hut. Daneben waren noch
in einzelnen Städten besondere Mäntel, Stiefel etc. vorgeschrieben. Aus der
K. Ruprecht nahestehenden Zeit siehe entsprechende Verordnungen in Erfurt
1389 'So sulden ouch alle Juden zu Erfforte stifeln tragen und mentile mit
witen hoibitfenstirn und lange hute ane kogeln edir lange kogiln ane hüte
poben den mentiln, die obir die hoibetvenster langen': Kgl. Staatsarchiv zu Magde-
burg, Copialbuch 1394, 46r, Freiburg i. B. 1394, Köln 1404 Brisch, Gesch.
d. Juden in Cöln 2, 26 ff., Vgl. Stobbe, Die Juden in Deutschland S. 274.

[2] Dass er Regensburger Bürger war, geht aus der Urk. von 1404 Juli 4
in Reg. boica 11, 344 (Wiener 163 nr. 411 hervor.

[3] Urk. nr. 39.

[4] Siehe S. 30 Anm. 1.

[5] RTA 5, 751 19·752 2.

were, unser der vorgenanten teile dheinen, es wer' von unser der egenanten herren oder der stette teiln, oder unser diener oder die unsern, die uns ze versprechende stúnden, gemeinlich oder einen teil oder me under uns besunder an unsern friheiten, briefen, rehten, guten gewonheiten oder an unsern herschaften, landen, lúten oder gúten beschedigete uf wasser oder uf lande.' *Damit war auch den Gelüsten Ruprechts nach Schuldentilgung und Kleidersteuer ein Riegel vorgeschoben. Seine Versuche, auf ausserordentlichem Wege sich an den Juden zu bereichern, hatten kläglich Schiffbruch gelitten. In der Folgezeit aber konnten die alten oder ähnliche Pläne um so weniger wieder aufgenommen werden, als die Zahl der Gegner Ruprechts stieg und die Stützen seines Königsthrones immer mehr ins Wanken gerieten.*

So musste sich denn Ruprecht nach wie vor mit den bisher üblichen Judensteuern begnügen. Doch hat er ihre Eintreibung so konsequent durchgeführt und geschickt das überkommene Steuersystem erweitert, dass ihm selbst auf diesem regulären Wege beträchtliche Summen zuflossen.

Charakteristisch für Ruprecht ist gleich der Beginn. Nachdem er eben erst am 21. Aug. 1400 zu Rense von den drei rheinischen Kurfürsten gewählt war, befahl er bereits im Sept./Okt. während seines Lagers vor Frankfurt allen Juden des Reichs, an die von ihm bestellten Steuereinnehmer Elias von Weinheim und Isak von Oppenheim den am vergangenen Jakokstag[1] (1400 Juli 25) fällig gewesenen goldenen Pfennig zu bezahlen (Urk. nr. 1). Gleichzeitig gab er den beiden Juden einen Geleitsbrief (Urk. nr. 2). Mit der Ausstellung der beiden Urkunden ist Ruprecht indess zu eilig gewesen. Er musste doch von den Herren und Städten zunächst anerkannt werden, bevor er den Opferpfennig der Juden einkassieren lassen konnte! Diese Anerkennung zog sich aber bis über die Mitte des Jahres 1401 hin.[2] Erst im Juli 1401 huldigten die schwäbischen, im August die Bodenseestädte und Regensburg und schliesslich Ende September, als Ruprecht schon seinen Zug nach Italien angetreten hatte, Hall, Rothenburg und Windsheim. Eine Einkassierung des Opferpfennigs durch die beiden Juden in den Jahren 1400-1401 ist nirgends bezeugt. Erst im August

---

[1] Jakobi war der für die Juden in Köln, Mainz, Worms, Speyer und Frankfurt von K. Wenzel 1391 Apr. 22 festgesetzte Zahlungstermin (Ennen, Quellen z. Gesch. d. Stadt Köln 6, 34).

[2] Schindelwick, Die Politik d. Reichsstädte des früh. Schwäb. Städtebunds 1389-1401, Bresl. Diss. 1888, S. 71 ff.

*1402 nach der Rückkehr des Königs aus Italien begannen Elias und
Isak auf Grund neuen Auftrages[1] ihre Thätigkeit.*

*Doch ist deshalb den Juden der Opferpfennig der Jahre 1400-
1401 nicht geschenkt worden. Im Allgemeinen wurde die Steuer in
den Städten, bald nachdem diese gehuldigt hatten, bei Gelegenheit der
Bestätigung der Judenprivilegien entrichtet. Es ist dies sicherlich auch
da geschehen, wo uns über die Zahlung weitere Nachrichten fehlen.
In Nürnberg, Rothenburg, Windsheim und Weissenburg erhob der
Nürnberger Bürger Berthold Pfintzing[2] die halbe Judensteuer und den
Opferpfennig für 1401.*

*In Schwaben und am Bodensee erscheint Ende Dezember 1401
und im Anfang des Jahres 1402 der Kgl. Hofschreiber Johannes
Kirchheim als Steuerbote.[3] Als er gemäss dem ihm vom Reichsver-
weser Pfalzgrafen Ludwig gewordenen Auftrag[4] den Opferpfennig
auch für 1401 einziehen wollte, erhielt er ihn nur in Esslingen und
Weil.[5] Die Juden der andern Städte erklärten, ihn bereits bezahlt*

---

[1] Die betr. Urkk. nr. 8-10 enthalten keinen Hinweis auf eine frühere
Verwendung der beiden Juden im Dienste Ruprechts.

[2] Zahlungsbefehle Ruprechts an die vier Städte finden sich d. d. 1401
Aug. 31 bei Chmel nr. 904 Wiener 57 nr. 26 , an dieselben Städte mit Aus-
nahme Weissenburgs 1402 Mai 7: Chmel nr. 1178 Wiener 58 nr. 32 , 1402
Dez. 13: Chmel nr. 1363 (Wiener 58 nr. 34), 1404 Jan. 30: Chmel nr. 1676
Wiener 60 nr. 44), 1404 Dez. 8: Chmel nr. 1902 Wiener 61 nr. 55 . Über
Ablieferung von 72 Gld. seitens Pfintzings, der das Geld nach Bestreitung
einer Ausgabe von der Judensteuer übrig behalten hatte, an den Bischof Raban
von Speyer und seitens dieses Kanzlers Ruprechts an die Kgl. Kammerkasse
zu Händen des Hofschreibers Kirchheim siehe RTA 5, 388 art. 30 d. d. 1403
Jan. 29. Mit der Erhebung der Judensteuer und des Opferpfennigs ist Pfintzing
bereits seit 1394 in den genannten Städten thätig. Betreffs Nürnbergs siehe
Stern, Isr. Bevölkerung 3, 252 art. 53; betreffs Rothenburgs: Breslau in Ztschr.
f. d. Gesch. d. Juden in Dtschl. 3, 305.

[3] RTA 5, 226-229. Der Rechenschaftsbericht Kirchheims Aktenstück II
a. a. O. 228-229 ist nicht 1401 Dez., sondern erst später geschrieben. Die
Einkassierung der Steuer konnte nicht in den wenigen Tagen, die noch vom
Dezember übrig waren, bewerkstelligt werden. 'Das heurig jar a. a. O.
228₂₂) ist daher nicht 1401, sondern 1402; der 'verdige' vorjährige Opfer-
pfennig dagegen (228₂₃, 229) der von 1401.

[4] Siehe den Zahlungsbefehl Ludwigs von 1401 Dez. 19: RTA 5, 226-228.
K. Ruprecht selbst hatte 1401 Sept. 1 denselben Städten befohlen, die halbe
Judensteuer und den Opferpfennig, beide für 1401 und Michaelis fällig, an
den Pfalzgrafen Ludwig zu zahlen: RTA 5, 226 Anm. 2.

[5] Falsche Darstellung hinsichtlich der Jahre bei Nübling, Die Juden-
gemeinden des Mittelalters S. 439-440.

2*

zu haben: 'sie hetten unsers heren quittancien des kungs für all sach'. *Den Opferpfennig für 1402 dagegen, der Weihnachten[1] 1401 fällig war, erhielt Kirchheim überall ohne weiteres. Nur in Augsburg[2] scheinen nicht alle pflichtschuldigen Juden den Gulden gegeben zu haben. Der Kgl. Hofschreiber kassierte den Opferpfennig gleichzeitig mit der halben Judensteuer ein (letztere für 1401) in: Konstanz, Überlingen, Lindau, St. Gallen, Ravensburg, Ulm, Esslingen, Weil, Heilbronn, Nördlingen, Hall, Bopfingen, Augsburg und Memmingen. Da für jede 13 Jahre und darüber[3] alte, nicht von Almosen lebende[1]*

[1] Über den Jakobitermin für den Opferpfennig zur Zeit Wenzels siehe S. XVIII Anm. 1. Daneben findet sich auch der Weihnachtstermin z. B. in Privileg für Zürich 1392 März 31: RTA 2, 343 5. Unter Ruprecht ist der letztgenannte Termin allgemein eingeführt, seitdem im ersten Privileg für die Mainzer Juden 1401 Jan. 9 der Jakobstag durch den hl. Christtag ersetzt wurde. Doch finden auch jetzt noch Ausnahmen statt, wie in Nürnberg, wo der Oberstetag (Jan. 6), von Wenzel 1390 Sept. 16 festgesetzt (RTA 2, 324 3), auch unter Ruprecht bestehen bleibt: siehe weiter S. 33 38. In den Städten, wo zu Michaelis die halbe Judensteuer an den König fällig ist, werden indess die Judensteuer und der Opferpfennig in der Regel gemeinsam erhoben. Ungenau heisst es dann gewöhnlich in den Urkunden, dass die halbe Judensteuer und der goldene Opferpfennig Michaelis fällig sind, wie in den S. XIX Anm. 2 und 4 citierten Zahlungsbefehlen Ruprechts, in unserer Urk. nr. 42 und sonst. Richtig auseinandergehalten sind die Termine in der Quittung Meyers von Cronberg 1407 Dez. 3: S. 33 Anm. 1.

[2] Dort fielen an halber Judensteuer und an Opferpfennig nur 48 Gld., während für 1401 das Augsburger Steuerbuch dieses Jahres (im Augsburger Stadtarchiv) 17 steuerzahlende jüdische Haushaltungen aufzählt. 1405 wurden allein an halber Judensteuer 38 Gld. bezahlt: RTA 5, 662 art 5.

[3] So für die Zeit Ruprechts nach der allgemeinen Urk. nr. 21 von 1404 Dez. 17. Dasselbe Anfangsalter, nur etwas beschränkter 'über 13 Jahre', ist in dem Privileg für die Juden der Stadt Mainz 1401 Jan. 9 und in den andern nach dem Mainzer Schema angefertigten Judenprivilegien der Jahre 1401 und 1404 vorgeschrieben. Im Erzstift Mainz dagegen war bereits 'ein iglich Judde und Juddinne, die uber zwelff jare alt sin' zur Zahlung des Opferguldens verpflichtet: RTA 5. 516 art. 6 d. d. 1403 Juni 19. Ebenso begann in dem Alter 'über 12 Jahre' die Steuerpflicht in Nördlingen und Augsburg: siehe die Privilegien Ruprechts für Nördlingen 1401 Aug. 15 (Chmel nr. 827, Wiener 55 nr. 19) und für Augsburg 1401 Aug. 16 (Chmel nr. 842, Wiener 56 nr. 20). Noch weiter zurück geht das Privileg für Hall von 1401 Okt. 30 Chmel nr. 1026, Wiener S. 58 nr. 31, Mone in Ztschr. f. d. Gesch. d. Oberrh. 9, 278), das jeden Juden und jede Jüdin 'die in das zwolft jare kommen sin' zur Steuer heranzieht, das wäre nach Ablauf des elften Jahres. Doch scheint im letztern Fall nur eine ungeschickte Fassung vorzuliegen; gemeint ist wohl auch hier die Vollendung des 12. Lebensjahres.

[1] Unter Ludwig dem Baier und Karl IV. war die Steuer an den Besitz von 20 Gld. geknüpft.

Person männlichen und weiblichen Geschlechts der goldene Opferpfennig, wie sein Name besagt, nur einen 'güldein' d. h. 1 Gld. Pfennige betrug[1], so ist der Ertrag dieser Steuer immer nur von geringer Höhe gewesen. Es lief damals in den von Kirchheim besuchten Städten um so weniger ein, als sich nur in Augsburg und Konstanz eigentliche Judengemeinden, und auch da nur von kleiner Zahl, befanden.[2] In St. Gallen, Ravensburg, Bopfingen und Weil wohnte nur je ein einziger Jude, in Hall ein einzelnes jüdisches Ehepaar[3], in Memmingen, Überlingen und Lindau nicht mehr als 1-2 Familien. Bei dieser geringen Anzahl war von der halben Judensteuer gleichfalls nicht viel zu profitieren. In St. Gallen fiel die Steuer aus; der dort wohnende Jude sass das erste Jahr steuerfrei. Ebenso wurde die halbe Judensteuer in Nördlingen nicht bezahlt, da sie den Ottinger Grafen verpfändet[1] und von diesen schon erhoben war. So brachte denn Kirchheim im Ganzen an halber Judensteuer und Opferpfennig nur 287 1/2 Gld. 10 Schill. zusammen. Bedenkt man, dass er ausser den genannten 14 Städten noch 18 andere besuchte, ohne dort Juden vorzufinden[5], so wird die gesammelte Summe den aufgewandten Reisekosten entsprochen haben und für die Kammerkasse des Königs so gut wie nichts übrig geblieben sein.

Grösser war der Betrag, den Ruprecht 1401-1402 für die Bestätigung der Judenprivilegien einzog. Leider sind uns nur einige der von den Judenschaften gezahlten Summen bekannt: 1100 Gld. aus Mainz[6], 200 Gld. aus Regensburg[7], 100 Gld. aus Schlettstadt[8]; aus

---

[1] Und zwar 1 rheinischen Gld. RTA 5, 19, und nicht 1 Goldgulden, wie allen Ernstes neuerdings Nübling S. 439 angenommen hat. Nach dem Genannten hätten die 12 Ulmer Juden an Kirchheim 12 Goldgulden 1200 Mark Gebrauchswert gezahlt!

[2] Wir besitzen ausser dem Berichte Kirchheims nur wenige Angaben über bestimmte Summen, die unter Ruprecht als Opferpfennig entrichtet wurden. Die Würzburger Juden zahlten für 1405: 121 Gld. RTA 5, 764 art. 182, die Rothenburger für 1410: 49 Gld. Ztschr. f. d. Gesch. d. Juden in Dtschl. 3, 306. Die Angabe Bensens Histor. Untersuchungen über Rothenburg S. 181, dass die Rothenburger Juden 1402 an Opferpfennig für den König 75 Gld. zahlten, bedarf der Nachprüfung.

[3] Oder zwei einzelne Juden. Kirchheim bekam zwei Gld.

[4] Vgl. unsere Urk. nr. 59. Auch die Steuer der Ulmer Judenschaft war den Öttinger Grafen verpfändet; dennoch erhob dort Kirchheim 24 Gld. als halbe Judensteuer für 1401.

[5] Vgl. Stern, Isr. Bevölkerung 1, 11 Anm. 44. [6] Urk. nr. 4. [7] S. 5 Anm. 1.

[8] RTA 5, 212 art. 3. 'und die uberigen von den von Colmar' bezieht sich a. a. O. nicht auf die Juden, sondern auf die Stadt Colmar.

Frankfurt dürften mindestens 300 Gld.[1] entrichtet worden sein. Immerhin genügen diese Angaben, um sich eine Vorstellung von dem Gesamtertrage der Privilegienbestätigungsgelder zu machen, wenn man erwägt, dass Ruprecht sicherlich kein einziges Privileg einer Judenschaft ohne entsprechende Bezahlung bestätigt hat. Hinzukommt, dass diese Bestätigungsgelder nach drei Jahren von neuem gezahlt werden mussten. Die 1401 seit dem 9. Januar erteilten Gnadenbriefe waren zwar ganz allgemein ohne Zeitdauer ausgestellt worden und war deshalb eine Erneuerung 1404 eigentlich völlig überflüssig. Dennoch bot die in ihnen enthaltene Erklärung Ruprechts betreffs Aussetzung einer Schuldentilgung für die nächsten drei Jahre nach Ablauf dieser Zeit, also 1404, Anlass zur erneuten Ausstellung der betr. Urkunden. Das Gleiche war 1407 und 1408 erst recht der Fall, da 1404 die Zeitdauer der ganzen Privilegien überhaupt nur auf drei oder vier Jahre bemessen wurde[2]. Natürlich mussten die Juden in allen diesen Fällen nicht nur die Erneuerung der Privilegien bezahlen, sondern auch die materielle Urkundenausfertigung durch die Kanzlei. So gaben an letztere 1401 die Regensburger Juden für ihr Privileg nicht weniger als 60 Gld., während es doch 'gar ein kleiner Brief' war, der nicht von den Kanzleibeamten, sondern vom Regensburger Stadtschreiber geschrieben wurde; selbst das Pergament hatte dieser liefern müssen.[3]

Ausser diesen allgemeinen Privilegien für die einzelnen Juden-

---

[1] So viel mussten die Frankfurter Juden für die Erneuerung 1404 Juli 22 bezahlen Urk. nr. 18. Die erste Bestätigung 1401 Jan. 10 muss ihnen mindestens dasselbe, aller Wahrscheinlichkeit nach aber mehr gekostet haben.

[2] S. XVI Anm. 2. Einen solchen dreijährigen Gnadenbrief hatten auch die Frankfurter Juden 1404 Juli 22 erhalten: vgl. Urk. nr. 18. Da ihnen aber dieser nicht passte, so wurde auf ihren Wunsch vgl. Urk. nr. 19 ein Privileg auf vier Jahre ausgestellt 1404 Nov. 7, welches zum Unterschiede vom früheren noch den Zusatz hatte, dass, wenn die Frankfurter Juden vor das Kgl. Hofgericht geladen würden, dieses den Kläger an das Frankfurter Stadtgericht weisen sollte. Der betr. Passus befand sich auch mit entsprechender Änderung im Privileg, das die Oppenheimer Juden 1400 Sept. 4 auf drei Jahre erhalten hatten Chmel nr. 0, Wiener 53 nr. 1 und das ihnen 1403 April 30 auf weitere vier Jahre neu bestätigt worden war Urk. nr. 12. Die Juden in Hagenau, Schlettstadt, Kolmar, Mühlhausen, Kaisersberg und Ebenheim warteten nicht einmal den Ablauf des ihnen 1404 Mai 18 auf drei Jahre erteilten Privilegs ab, sondern liessen sich bereits 1406 Okt. 16 ein Privileg wie die Oppenheimer und Frankfurter ausstellen Chmel nr. 2204, Wiener 64 nr. 66.

[3] S. 5 Anm. 1.

*gemeinden stellte Ruprecht noch Schutzbriefe[1] für einzelne Juden aus,
die er in seinen besonderen Schirm nahm. Das Aufnahmegeld betrug
für eine Judenfamilie in der Regel[2] 100 Gld. Dazu bezahlten die
betr. Juden für die vereinbarten Schutzjahre[3] eine Jahressteuer von
10—20 Gld.[1]*

*Welches aber waren die Gnaden, die Ruprecht den Juden für
all' ihr Geld verlieh? Das Mainzer Judenprivileg von 1401 Jan. 9
ist ein wörtlicher Auszug[5] aus dem Privileg Wenzels[6] von 1391
April 22, und zwar — wenn man von dem allgemeinen, doch nur
gering zu schätzenden, königlichen Schutze[7] und dem üblichen Genusse*

[1] Es sind uns im Ganzen nur sechs solcher Briefe überliefert. Unter
diesen sind zwei ausgestellt für einzelne Juden in Speyer (Meyde von Koblenz
1404 Jan. 17: Chmel nr. 1668, Wiener 60 nr. 43; ihr Speyerer Wohnsitz
ist durch RTA 6, 761 art. 135 bezeugt und in Mainz (Leser Meyden 1408
Jan. 17: Chmel nr. 2452, Wiener 66 nr. 82), also in Städten, deren Juden-
schaften bereits allgemeine Privilegien besassen. Die Empfänger der übrigen
personellen Schutzbriefe wohnten in Kreuznach (Gottschalk 1404 März 4:
Chmel nr. 1699, Wiener 61 nr. 48; vgl. RTA 6, 28 $_{34}$), Esslingen (Secklin
1404 März 18: Chmel nr. 1704, Wiener 61 nr. 49; vgl. RTA 6, 762 art. 143
und Lindau (Gomel 1406 Dez. 2: Chmel nr. 2240, Wiener 64 nr. 69; im
Schutzbrief für den Juden Leser 1404 Febr. 29: Chmel nr. 1698, Wiener 61
nr. 47 ist der Wohnsitz nicht angegeben. — Im besonderen Schutze des
Königs standen noch, zur Belohnung für geleistete Dienste steuerfrei, die
jüdischen Kgl. Steuerboten Elias in Bensheim (Urk. nr. 14, Isak in Oppenheim
nr. 20), Meyer, Symelin nr. 11, 55, 76) und Jakob (nr. 69), die letzten drei
in Frankfurt. Den gleichen besonderen Schutz genoss wohl auch der Juden-
meister Israel in Rothenburg.

[2] 100 Gld. zahlten Secklin und Leser Meyden, 80 Gld. Meyde von
Koblenz. In den übrigen Briefen fehlt eine darauf bezügliche Angabe. Doch
wird den betr. Privilegierten schwerlich das Aufnahmegeld geschenkt worden sein.

[3] Die geringste Schutzzeit umfasst vier, die höchste sieben Jahre.

[4] Aus den erwähnten sechs Schutzbriefen (Anm. 1 erwuchsen dem
König an Jahressteuer in Summa für die vereinbarte Zeit 510 Gld. Die Be-
träge von fünf dieser Briefe sind auf dem Deckel des Wiener Registratur-
buches C zusammengestellt: Chmel S. 233 (Wiener S. 73). Hierbei ist der
Lindauer Jude nicht Gomel, sondern Gunnel genannt.

[5] In der Urk. selbst ist eine Andeutung hierüber nicht vorhanden.

[6] S. XVIII Anm. 1.

[7] Selbst dieser wird von Wenzel ausführlicher und feierlicher zugesagt
als von Ruprecht. Letzterer hat nur das kurze formelhafte Versprechen, Leib
und Gut der Juden schirmen zu wollen 'in steten (dieses Hauptwort ist zu
ergänzen; es fehlt in den hdschr. Vorlagen zu Wien und Karlsruhe, dement-
sprechend auch im Abdrucke Chmels, dörfern, welden, strassen und wassern,
und alle strassen sollent in offen sint'. Wenzel fügt diesem in weiterer Aus-

*des Landfriedens absicht   mit wesentlicher Verschlechterung der bis-
her genossenen Freiheiten.   Die Anordnung Wenzels, dass nunmehr
den Juden die ausstehenden Schulden bezahlt werden sollen, ist natürlich
fortgefallen.   Dafür ist an anderer Stelle als eigenartige Gnade das
Versprechen Ruprechts eingetreten, für die nächsten drei Jahre keine
Schuldentilgung vornehmen zu wollen.   Während Wenzel die von den
Juden zu zahlenden Zölle generalisiert:* 'und was ouch von alders
gewonheit ist', *hebt Ruprecht daraus den Würfelzoll besonders her-
vor.   Letzteres ist um so auffallender, als Erzbischof Adolf*[1] *1384
Okt. 18 und Ruprecht selbst als Pfalzgraf 1398 März 17 im Verein
mit den Erzbischöfen von Mainz und Trier, dem Grafen Philipp zu
Nassau und Saarbrücken, sowie mit den Städten Mainz, Worms,
Speyer, Frankfurt, Friedberg, Wetzlar und Gelnhausen durch einen
Vertrag*[2], *der erst 1403 ablief, den Würfelzoll abgeschafft hatte.   Es
ist bekannt, mit welchen Verwünschungsformeln der Judeneid in den
einzelnen Städten ausgestattet war.   Gegenüber diesen ausführlichen
Formularen hatte Wenzel angeordnet, dass der Jude einfach nur mit
folgenden Worten schwören sollte:* 'als ihm Got helffe bey der ee,
die Got gabe uf dem berge Synay'.[3]   *Ruprecht aber that den Juden
die Gnade, dass er die Formel der Judeneide so beliess* 'alz an ig-
lichen gerichten gewonheit und recht ist' *d. h. es blieb bei den*

führung hinzu, dass es mit Rücksicht auf die Zugehörigkeit der Juden zur
Kgl. Kammer sein Wille sei 'das man sie noch ire keinen furbas mer eygen
oder vortreiben sulle wider diese kegenwortige unsere vreyheid, sunder man
sol sie tzu allen tzeiten us einer stat in die ander an hindernisse tzihen und
faren lassen'; er wolle keinen Juden 'nymanden bescheiden noch weggeben
durch seiner dinste noch bete willen', alle Briefe, die den erteilten Freiheiten
der Juden widersprechen, erklärt er für kraftlos und fordert in feierlicher Auf-
zählung alle Kurfürsten, Fürsten, Grafen, Herren etc., Städte, Märkte, Dörfer etc.
und Unterthanen auf, dass sie die Juden in den erteilten Freiheiten und
Gnaden 'nicht hindern, leidigen, irren oder besweren, noch von den iren
hindern oder irren gestatten in dheinre weis', sondern sie dabei bleiben lassen
und, wenn es erforderlich, entsprechend schützen.   Durch letztere Verpflichtung
mochte den Juden das Privileg Wenzels sogar willkommener gewesen sein;
war doch der Schutz der Herren und Städte mehr wert als der des Königs,
da dieser in den wenigsten Fällen die Beeinträchtigung der Juden erfuhr und
auch nicht immer die Macht hatte, den Juden ernstlich zu helfen.

[1] Schaab S. 107.
[2] RTA 3, 142₂₅.
[3] Vgl. die Frankfurter Formel bei Boehmer, Cod. dipl. Moenofranco-
furtanus 1, 768.

*früheren demütigenden Formeln, die jede Stadt willkürlich aussersann
und einführte.* Ebenso sollte nach Ruprecht der Zeugenbeweis eines
Christen gegen einen Juden nicht anders als nach Recht und Gerichts-
gewohnheit der betr. von den Juden bewohnten Städte geführt werden.
*Wenzel dagegen hatte allgemein klar bestimmt, dass das Zeugnis gegen
einen Juden abzulegen sei* 'mit unvorsprochnen Juden und mit un-
vorsprochenen Christen, die nicht sein offenbarn fynde sein'. *Die
Anordnung Wenzels, dass kein Jude gezwungen werden sollte, Christ
zu werden, wurde von Ruprecht wiederholt, aber der Zusatz Wenzels,
dass kein Judenkind unter neun Jahren getauft werden sollte, es sei
denn sein eigener Wille, wenn es älter geworden, fortgelassen*[1]. *Zwei
Begünstigungen, welche die Juden bisher genossen hatten, fehlen in
Ruprechts Privileg gänzlich:* 'Man sol ouch keinen Juden laden für
den lantfride, lantgerichte, gerichte oder dheine lanttage, und
welcher Christen einem Juden zu sprechen hat, der sol rechte
nehmen und geben vor werntlichem gerichte in der stat, do der-
selbe Jude gesessen ist' *und zweitens* 'Ouch sol man keinen Juden
bannen[2], und wurde doruber ein Jude gebannt oder geladen, das
sol keine krafft noch macht haben und in ouch keinen schaden
brengen'. *Besonders wurde erstere Bestimmung*[3] *in Ruprechts Pri-
vileg von den Juden schmerzlich vermisst, da ihnen durch die Prozess-
führung vor auswärtigen Gerichten viele Kosten erwuchsen. Die
seitens der Juden zu bezeugende Erkenntlichkeit für die erteilten Gnaden,
Zahlung des Opferguldens am St. Jakobstage bzw. hl. Christtage*[1], *ist
wieder den Privilegien Wenzels und Ruprechts gemeinsam. Beide
Könige versprechen sodann, den Opfergulden niemandem zu vergeben,
das Geld sollte nirgends andershin als in die Kgl. Kammer kommen.
Gerade an diesem Versprechen zeigt es sich, wie schwankend alle die*

---

[1] Doch ist es möglich, dass hier in der Urk. Ruprechts nur eine kon-
zisere Fassung vorliegt.

[2] Seitens des christlichen Gerichtes.

[3] Erst in einzelne spätere Privilegien wurde dieses Vorrecht der Be-
freiung von auswärtigen Gerichten auf besonderen Wunsch der Privilegierten
aufgenommen, so in das Privileg für die Judenschaft von Regensburg 1401
Sept. 4 (Urk. nr. 7 , von Worms 1406 Juli 29 (Chmel nr. 2177, Wiener 63
nr. 64) und für die Speyerer Jüdin Meyde von Koblenz 1404 Jan. 17 S. XXIII
Anm. 1 . Ebenso wurden die Judenschaften in Oppenheim 1400 und 1403.
Frankfurt 1404 Nov. 7 und in den elsässischen Städten Hagenau, Schlettstadt etc.
1406 von Vorladung vor das Hofgericht eximiert S. XXII Anm. 2 .

[4] Siehe S. XIX Anm. 1.

*Gnaden waren und wie sehr ihnen die Wirklichkeit widersprach.
.Im 9. Jan. 1401 versicherte Ruprecht im Privileg für die Kölner
Juden, niemandem den Opfergulden geben zu wollen, schon am 4. Juli
desselben Jahres vergab*[1] *er ihn an zwei Räte des Kölner Erzbischofs.* —
*Die persönlichen Schutzbriefe der einzelnen Juden lauteten unter Ruprecht
allgemein dahin:* 'das dieselben personen alle in allen und iglichen
unsern und des heiligen richs stetden und lande und auch in
den frien stetden, in welicher denselben stetten sie dann gesessen
weren, unser fri geleite, trostunge und schirme haben sollen'[2].
*Der in Speyer wohnenden Jüdin Meyde von Koblenz wurde noch
besonders versprochen*[3], *dass sie bei Einbringung ihrer Schulden von
den Kgl. Amtleuten unterstüzt werden solle, selbst aber nur an ihrem
Wohnorte gerichtlich belangt werden dürfe.*[1] *Die Unterstützung durch
die Amtleute erhielt auch Elias von Weinheim zugesichert.*[5]

*Wie von den Bürgerschaften, so empfing Ruprecht auch von
den Juden in den von ihm nach seiner Krönung besuchten Städten ein
Ehrengeschenk. Die Judengemeinde in Regensburg*[6] *gab ihm 500 Gld.,
in Ulm*[7] *60 Gld., in Nördlingen*[8] *50 Gld., in Windsheim*[9] *30 Gld.
Die Beträge*[10] *erscheinen um so grösser, wenn wir die von den
Städten gezahlten Geschenkgelder daneben halten und die geringe
Zahl der Juden in Erwägung ziehen. Den 500 Gld. der Regensburger
Juden steht die Stadt Regensburg mit nur 1800 Gld.*[11] *gegenüber. Die
Stadt Nördlingen gab 200 Gld.*[12], *während die wenigen Nördlinger*

---

[1] Urk. nr. 5.

[2] Aus der Urk. für Leser Meyden 1408 Jan. 17 (S. XXIII Anm. 1): Pfälz. Copialbuch 459, 280 im Badischen Landesarchiv.

[3] 1404 Jan. 17: S. XXIII Anm. 1.   [4] Vgl. S. XXV Anm. 3.

[5] 1403 Okt. 16: Urk. nr. 14.   [6] S. 5 Anm. 1.

[7] RTA 5, 213 art. 8.   [8] a. a. O. art. 12.

[9] RTA 6, 759 art. 73.

[10] Stobbe, Die Juden in Deutschland, S. 209 Note 30 fasst die genannten Summen irrtümlich als halbe Judensteuern auf.

[11] Zu diesem baren Gelde kommen jedoch noch Kleinodien und andere Geschenke im Werte von 553 Gld. ungarisch, sowie 50 Gld. für die kgl. Thürhüter und Kämmerer (RTA 5, 47).

[12] Wenn man die Wertgegenstände hinzurechnet, belief sich freilich die Ausgabe der Stadt auf 600 Gld. (RTA 5, 213 Anm. 2). Aber sollten sich hier wie in anderen Städten die Juden so gänzlich ohne Wertgeschenk dem Könige genähert haben? Und werden sie nicht, bevor sie die in der Kammerrechnung gebuchten Summen ablieferten, so manche offen gehaltene Hand von Zwischenpersonen haben füllen müssen?

Juden – für 1402 fielen im Ganzen nur 12 Gld. Opferpfennig — 50 Gld. schenken mussten. Die gleich kleine Judengemeinde in Ulm brachte sogar ein Geschenk von 60 Gld. auf. Noch höher war relativ die von den Juden in Windsheim gezahlte Summe; den 30 Gld. der Juden entsprechen nur 100 Gld. der Stadt. —

S. XVIII ist bereits hervorgehoben worden, wie schon im Jahre 1400 Ruprecht Willens gewesen war, den Opfergulden durch Elias von Weinheim und Isak von Oppenheim erheben zu lassen. Der geringe Erfolg, den Johannes Kirchheim als Steuersammler gehabt hatte, mochte 1402 den König zur Wiederaufnahme des früher geplanten Einkassierungs-modus bestimmen.[1] Ein Jude kannte natürlich eher die Orte, an denen seine Glaubensgenossen ansässig waren. Auch musste es einem solchen leichter möglich sein, die Zahl der Juden ausfindig zu machen und die intimen Vorgänge innerhalb der Judengemeinden betreffs der Buss- und Strafgelder zu erkunden.

Die Einkassierung der Kgl. Steuern durch jüdische Bevollmächtigte ist, soweit bisher bekannt, eine Neuschöpfung Ruprechts. Zwar hatten Elias und Isak einen Vorganger unter Karl IV. in dem kurtrierischen Juden Samuel, dem Karl IV. 1348 Sept. 9 einen Geleitsbrief zur Ausführung der ihm übertragenen Geschäfte erteilte. Doch kann man mit Sicherheit annehmen, dass die Eintreibung der Steuern 1348-1349 garnicht zur Ausführung kam, da die Niedermetzelung und Verbrennung der Juden in den deutschen Städten alle Steuerpläne zu nichte machte. Wie 1400, so blieb auch 1348 der ganze Plan lediglich auf dem Papier. Von den Vorgängen in der Kanzlei Karls IV. aber hat Ruprecht schwerlich die geringste Kenntnis gehabt. Zur Wahl jüdischer Steuerboten hat er sich, unbeeinflusst durch das frühere Analogon, entschlossen.

Der erwähnte Geleitsbrief Karls IV. ist noch ungedruckt. Er sei daher aus dem im Kgl. Staatsarchiv[1] zu Koblenz aufbewahrten Originale hier mitgeteilt:

Wir Karl von Gots gnaden Rômischer küng ze allen zeiten merer des reichs und kunig ze Beheim enbieten allen unsern

---

[1] Nübling S. 441 dagegen fasst die Verwendung der beiden Juden als eine bedauernswerte Massregel auf, 'welche die erneute Notlage der Reichskammer im schärfsten Lichte zeigt'!

[1] Kurtrier, Urkundenarchiv nr. 433: or. membr. c. sig. pend. laeso. An gelben und roten Seidenschnüren Bruchstücke vom Thronsiegel Karls. Auf dem Buge rechts Registraturvermerk: R. Extrakt bei Dominicus, Baldewin von Lützelburg, S. 492-493; Reg. Boehmer-Huber nr. 753.

lantvögde, amptlefite, undertane, verbündene und vrivunde, unser
beider reiche von Rome und von Beheim und unserer graveschefte
zû Lützelbûrg und aller unsers landes, wo si gelegen sint: daz
wir ..Samûel, des erwirdigen unsers lieben getrewen fûrsten und
vettern Jude, maincherhande[a] ernstliche botschaft, geschefte und
gewerve umb unser und unsers reichs nûtz und urbir in unsern
landen in allen enden, da si gebûrent zû tûn, zû schafene, zû
werbene und zû tribene bevolhen han, die derselbe Jude ernst-
lichen schaffit und wirbit, und darumb alle zeit flezziclichen ar-
beiten vert und reidet. Darumb gebieten wir iuch allen und
euwern ieglichem besûndere, daz zû allen zeiten, daz derselbe
Jude oder, wer iuch disen brief von seinen wegen zûgit und wisit,
fûrdernûsze, hilfe und rat umbe die botschefte, geschefte und ge-
werbe, hine von uns in unserm lande iuch von uns bevolhen zû
tûn, ze schafene und werbene ist bevolen, und gewerliche sicher-
liche geverte und geleite durch euwer lant gewerlichen und
sicherlichen zû varen und zû rîden, wo hin und wo her daz is
hin zû varne und zû rîdene gebûret, anne iuch vorderent, geru-
chent und gesinnent, dem vorgenanten Juden unde seiner geselle-
schaft bey euwerm eyde suliche getruwe schinberliche fûrdernusze,
hilfe und rat gevent und an si wendint, so daz si unser botschefte,
geschefte und gewerve, die hin in unserme lande euwers bevel-
nuszis zû tun, ze schafene, ze werbene gebûrent, volkommilichen
nûtzlichen und gentzlichen mûgen schafen, triben und werben
und nimans gewalt, herschaft und drouwe dûrfen schûwen, fûrhten
noch entsizzen, unsere sachen icht darumbe zû hindern under-
wegen ze lazsen, bey unsern hulden. Und suliche sicherliche
gewerlich geverte und geleite durch lantvögedige geleite und ge-
biete biz an den nehsten lantvôgt oder amptman, der allernehste
irs weges und gevertes gelegen und geseszen ist, so daz die selben
Juden umbe keine anesproche, pfendunge, vientschaft, die wir
hetten, oder umb keinerhande czölle, geleite noch schenkungen,
die einich[b] Jude uns noch den unsern in dheine weis von rechte
oder von gewonheide ye gaven oder plegint zû gevene, gevangen,
ufgehalden, gehindert oder gemerret werden, wand wir si aller
zölle, geleiden und schenkungen han gefreigit und geledigt.
Und bestellent an allen euwern undertanen, frivunden und ane
allen euwern statheldern, ob ir niht da heyme werent, daz zû

aller zeit, daz is die Juden rat, hilf und geleite an si gerûchent und gesinnent, daz si so getruwen rat und hilfe und so sicherlich unde gewerlich gevert und geleide hin fügen und zü schiken, daz si mit hirine rade und hülfen unser botschafte, geschefte und gewerve mügen werben und schafen, und mit hirine geverte und geleide durch alle unser lande mügen reiten und varen und nimans darumbe ze schûwene, zu fürtene noch entsizzene, und daz niht insûmmit, bey unsern hulden, wande deme selben Juden suliche ernstlich gewerve, botschefte und geschefte von uns bevolen ist, daz uns sine sûmnusze, hindernusze und ufhaldunge und mererunge in manicherhande weis hinderliche und schedlichen möhten sein, daz uns niht nützliche were noch eben queme. Mit urchund ditz briefs versigelt mit unserm kuniglichen insigel, der geben ist ze Prage nach Cristus gebûrt driutzehenhundert jar und in dem ahten und viertzgosten jare an dem nehsten tag nach unser frauwen tag als si geboren wart in dem dritten jar unserer reiche.

Dass die 'Botschaften, Geschäfte und Gewerbe' die Samuel für des Reiches Nutzen 'zu schaffen, zu werben und zu treiben' hat, sich auf die Einbringung der Bussgelder und Steuern von den Juden beziehen, ist in der vorstehenden Urkunde nicht gesagt. Doch kann darüber kein Zweifel herrschen, wenn wir erwägen, dass an demselben 9. Sept. 1348 Karl IV. dem Erzbischof Baldewin von Trier alle 'Gefälle, Bussen, Besserungen, Steuern, Schatzungen und Schenkungen', die dem Könige seitens aller Juden des Reichs von Recht, Gewohnheit oder Gunst zufallen möchten, überträgt und in einer dritten Urkunde desselben Tages allen Landvögten, Richtern, Amtleuten und Unterthanen des Reichs befiehlt, gemass den Befehlen des Trierer Erzbischofs gegen die schuldigen Juden vorzugehen.[1] Sowohl in der Vollmachtsurkunde wie in dem Befehle an die Landvögte und Amtleute ist davon die Rede, dass letztere dem Erzbischof 'oder dem, dem ers von seinetwegen befiehlt' an die Hand gehen sollen. Der Kgl. Geleitsbrief für Samuel, der zum Nutzen des Reiches 'fährt und reitet', bildet hierzu nur eine Ergänzung. Die Urkunden hängen sogar so eng zusammen, dass Samuel in dem Geleitsbrief als Jude 'unsers lieben getrewen fürsten und vettern' charakterisiert ist[2], eine Angabe aber darüber, wer dieser

---

[1] Die beiden Urkk. sind weiter abgedruckt.

[2] Die Bezeichnung bei Dominicus als 'Diener Baldewins' ist ungenau, falsch vollends die als 'ehemaliger Diener' bei Boehmer-Huber.

Vetter ist, völlig fehlt. Erst der Zusammenhang der Urkunden lässt Samuel als Juden des Trierer Erzbischofs erkennen. Nach dem Geleitsbriefe verrichtet Samuel seine Geschäfte offiziell für das Reich, in Wirklichkeit aber für den Erzbischof. In den Judengemeinden erscheint er nicht als Bischöflicher, sondern als Kgl. Steuerbote. Da seine Thätigkeit sich nicht auf das Erzbistum Trier beschränkt, sondern auf das ganze Reich sich ausdehnt, erhält er einen Kgl. Geleitsbrief. Natürlich kann er nicht allein die Juden des ganzen Reichs aufsuchen. Die Urkunde spricht in der That von ihm und seiner 'Gesellschaft' d. h. den Schreibern, Knechten, Boten, die von Samuel in seiner Vertretung ausgesandt werden. Ihnen allen sichert der König Befreiung von Zöllen und Steuern, freies Geleit, sowie Hilfe und Rat durch die Landvögte und Amtleute zu. Die von letzteren verlangte Unterstützung bezieht sich im Geleitsbriefe nur darauf, dass die jüdischen Steuerboten unbeschwert ihren Geschäften nachgehen können. Zwangsmittel gegen ungehorsame Juden sind an Samuel und seine Gesellschaft nicht übertragen. Die Anwendung von Gewalt ist Sache der Landvögte und Amtleute.

Wie bereits bemerkt, wurde die Ausführung des von Karl IV. so sorgfältig erwogenen Planes vereitelt. Die Gelder, die König und und Erzbischof mit Hilfe Samuels hatten an sich ziehen wollen, wurden bald darauf in den Pest- und Revolutionsjahren eine Beute des aufständischen Volkes.

Erst unter Ruprecht begegnet uns die Institution jüdischer Steuerboten aufs neue. Ende 1400 bereits geplant und in der Kanzlei angeordnet, trat am 17. August 1402 die Organisation ins Leben. Elias von Weinheim und Isak von Oppenheim erhielten bis auf Widerruf Vollmacht, den goldenen Opferpfennig und die fälligen Bussgelder von allen Juden im Reich zu erheben.[1] Gleichzeitig wurde dies allen Reichsständen und Unterthanen, sowie besonders allen Juden mitgeteilt.[2] Die einzuziehenden Beträge wurden den Beiden weder verpfändet noch verpachtet.[3] Elias und Isak hatten im Auftrage des Königs die Gelder einzufordern und erhielten als Lohn den vierten Teil der Einnahmen; die Kosten der Erhebung hatten sie jedoch aus eigener Tasche zu bestreiten. Ihre Stellung war die von Kgl. Steuerboten mit freiem Geleit. Am 25. Jan. 1403 wurde ihnen auch noch die Einkassierung

---

[1] Urk. nr. 8.
[2] Urk. nr. 9. Geleitsbrief für Elias und Isak: Urk. nr. 10.
[3] Wie Nübling S. 441 annimmt.

der halben Judensteuer übertragen[1], wohl unter denselben Bedingungen, die ihrer bisherigen Thätigkeit zu Grunde lagen. Ebenso wenig wie Samuel konnten jetzt Elias und Isak allein den umfassenden Auftrag ausführen. Auch sie hatten ihre 'Gesellschaft', ihnen untergeordnete Gehilfen. Diese wurden ebenso wie Elias und Isak als 'sonderliche Diener' und Boten des Königs aufgenommen. Genannt werden die in Frankfurt ansässigen Juden Meyer von Cronberg und seine Brüder. Bereits 1402 Aug. 21 machte Ruprecht von der geschehenen Aufnahme dem Frankfurter Rate Mitteilung und ersuchte, den Meyer und seine Brüder dort steuerfrei wohnen zu lassen.[2]

Dass Ruprecht einen Juden aus Oppenheim zum Steuerboten wählte, ist erklärlich. In der Pfalz gab es keine Juden. Auch unter den an die Pfalz verpfändeten Reichsstädten befand sich eine eigentliche Judengemeinde nur in Oppenheim. Isak erscheint als 'unser Jude', als Hintersasse Ruprechts. — Auf den ehemaligen pfälzischen Elias von Weinheim mag sein Heimatsgenosse Johannes Winheim die Aufmerksamkeit des Königs gelenkt haben.[3] Die Urkk. nrr. 1, 2, 8-10 bezeichnen den Elias als Hintersassen des Mainzer Erzbischofs. Urk. nr. 14 von 1403 Okt. 16 zeigt uns als seinen Wohnort: das zum Stift Mainz gehörige Bensheim[4]. Im Schutze des Mainzer Erzbischofs befand sich Elias seit 1387 März 14. Damals wurde er und seine Familie vom Erzbischof Adolf I. gegen eine Jahressteuer von 40 Gld. aufgenommen. Da in dem Aufnahmebrief aus der Reihe der Städte des Erzstifts Heppenheim und Bensheim besonders hervorgehoben werden und Elias 1403 nachweislich in Bensheim ansässig[5] ist, so dürfte er

---

[1] Urk. nr. 9 Nachtrag. Kurz vorher war Johann Kirchheim in Schwaben und am Bodensee mit der Einsammlung der halben Judensteuer für 1402 beauftragt; 1402 Dez. 18 befahl Ruprecht den Städten Augsburg, Konstanz, Ulm, Esslingen, Heilbronn, Hall, Überlingen, Ravensburg, Lindau, Memmingen, Weil und Bopfingen die genannte Steuer an Kirchheim zu zahlen: Chmel nr. 1368 (fehlt bei Wiener). Die Konstanzer halbe Judensteuer für 1402 und 1403 lief erst 1404 Apr. 22 mit je 25 Gld. in der Kgl. Kammer ein: Urk. nr. 16.

[2] Urk. nr. 11.   [3] S. 12 Anm. 1.

[4] Über erzstiftische Judenbürger daselbst siehe RTA 6, 28 art. 14. Vgl. über die dortige Mainzische Gerichtsbarkeit a. a. O. S. 27 art. 8. Die Angabe Häussers 1, 265, dass Bensheim in Ruprechts Zeit pfälzisch war, beruht auf einer oberflächlichen Durchsicht der Teilungsurkunde von 1410. Erst 1461 Nov. 19 wurde die mainzische Bergstrasse mit Starkenburg, Bensheim, Heppenheim und Modenbach von Erzbischof Diether an Friedrich I. von der Pfalz für 100000 Gld. verpfändet, wie dies Häusser 1, 368 richtig mitteilt.

[5] Keineswegs wurde er damals erst in Bensheim von Ruprecht aufgenommen, wie Löwenstein S. 21 Anm. 1 die Urk. nr. 14 interpretiert.

*sich dort gleich von vorne herein 1387 niedergelassen haben. Die
betr. Urkunde Erzbischofs Adolf I. lasse ich hier nach der im Kgl.
Kreisarchiv*[1] *zu Würzburg vorhandenen Abschrift folgen:.*

Wir Adolff etc. bekennen etc.: daz wir Ylian von Winheim
und sine sweherfrauwen, sin wib, sine kinde, meide und knechte,
die ire brotessen sint, zu unsern Juden genommen und entphangen
haben, also daz sie under uns und unserm stifte wonen mogen
in unsern steden zu Heppenhein[a], Bensheim oder in andern unsern
und unser stift steden, wo in daz allerbest fuget oder behaget,
diese nesten zukunftigen dru ganze jare, die nach dat*um* diess
briefs allerschirst nacheinander folgende sint, und darumbe sollent
die vorg*enanten* Juden uns dienen alle jare uf sante Mertins tag
in deme winther gelegen mit virzig gulden, so sollen wir sie auch
getruwelich verantwerten, verteidingen und versprechen als ander
unser Juden ane geverde. Doch haben wir die vorg*enanten* in
solicher masse gefrihet und in die sunderlich gnade getan, daz
sie mit andern unsern Juden nit zu schicken sollen haben in
deheine wis ane geverde. Auch mogen die obg*enanten* Juden
von uns faren, welich zit und welichs jares sie wollen, also daz
sie uns ires zinses von deme jare und andern jaren vor genzelich
bezalt hetten. Wer' ez auch daz in iman zu versprechen hette,
der mochte in zusprechen und solde man sie bereden mit unbe-
sprochen Cristen und Juden, als Judenrecht ist, ane geverde. Des
zu urkunde etc. datum Ascha*ffenburg* feria quinta post dominicam
oculi anno domini M°CCC*mo* LXXX septimo.

*Nur wenig ist es, was wir über die Ausführung der von den
beiden Steuerboten übernommenen Aufträge wissen. In Dortmund
haben Elias und Isak nachweislich den Opferpfennig verlangt, aber
nicht erhalten. Von Rechts wegen waren infolge dessen Leib und Gut
der Juden dem König verfallen. Aber in Wirklichkeit wurde nicht
gleich so streng verfahren. Die Dortmunder Juden wurden durch
den Kgl. Hofrichter Emicho von Leiningen vor das Hofgericht geladen
und, erst als sie dort wiederholt nicht erschienen, in die Reichsacht
gethan. Hiervon machte 1403 Nov. 12 Ruprecht an Dortmund Mit-
teilung und forderte die Stadt auf, für ihn das Gut der Juden in
Verwahrung zu nehmen, und diese als Geächtete zu behandeln*[2]. *Der*

a) So.

[1] Mainzer Ingrossaturbücher 11, 93ᵛ.

[2] Fahne, Urkundenbuch d. freien Reichsstadt Dortmund 2, 219-221
nr. 485. Wiener 59 nr. 41.

Rat gehorchte, die Juden wurden ausgewiesen, ihr Vermögen blieb in Verwahrung des Rats.[1] *Erst 1405 Sept. 24, nachdem die Juden den Opferpfennig gezahlt und sich wegen ihrer Weigerung mit dem König abgefunden hatten, wurde die Acht wieder aufgehoben.*[2] *Besser erging es den Juden des Erzstifts Trier. Als sie trotz geschehener Aufforderung den Opferpfennig wiederholt nicht zahlten, wurden sie zwar ebenfalls vor das Hofgericht geladen und dort in die Acht erklärt, aber auf Verwendung des Trierer Erzbischofs Werner hob Ruprecht 1405 Aug. 24 die Acht wieder auf und verzichtete auf die Nachzahlung des Opferpfennigs unter der Bedingung, dass dieser in Zukunft regelmässig entrichtet würde.*[3]

Die Funktionen der beiden Juden im Dienste Ruprechts dauerten bis Ende 1404. Doch dürfte ihre Thätigkeit im letzten Jahre nicht mehr so umfassender Natur wie früher gewesen sein. Die Konstanzer halbe Judensteuer erhielt die Kgl. Kammer 1404 Apr. 22 durch Vermittlung des Speyrer Bischofs.[4] *Ferner spricht unsere Urk. nr. 22 von Steuern* 'die vorher versessen und verhalden sint und uns gefallen und worden sin solten'. *Der Schutzbrief von 1403 Okt. 16, durch den Elias in den besonderen Schirm des Königs aufgenommen wurde und die Unterstützung der Amtleute zugesichert erhielt, erwähnt die Einkassierungsgeschäfte mit keinem Wort. Dagegen wird in dem Schutzbrief für Isak von 1404 Dez. 11 die Steuerbotenthätigkeit als* 'vergangen'[5] *bezeichnet. Dafür, dass Isak gut und treu die ihm übertragene Mission ausgeführt hatte, beliess ihn Ruprecht fernerhin im besonderen Kgl. Schutze. Die betreffende Urk. nr. 20 darf daher als Abschluss der von Isak dem König geleisteten Dienste gelten.*[6]

---

[1] Über die Intervention des Herzogs Adolf von Cleve siehe Fahne S. 219 220 Anm.

[2] Fahne S. 238-239 nr. 500. Wiener 62 nr. 60 mit falscher Datumberechnung.

[3] Urk. nr. 40. Achterklärungen wegen rückständiger Steuern finde ich noch gegen einzelne Juden in Jülich, Geldern, Stift Osnabrück und Grafschaft Ravensberg 1409 Jan. 27: nr. 68, Androhung der Acht gegen die Juden Sachsens, die mit der Zahlung nicht nur des Opferpfennigs, sondern auch der Jahressteuern säumten, 1406 Juli 30: nr. 46. [4] S. 15 Anm. 1.

[5] 'sich auch in unserm geschefte, daz wir ime bevolhen hatten, wol und getrulich gehalten und bewiset hat': S. 176-8.

[6] Das Zeugnis der beiden Juden wurde Anfang 1405 noch einmal nachträglich angerufen: Urkk. nr. 25 art. 3-4 und nr. 27. 'die zwen Juden' S. 20 sind nicht Kauffmann und Wolff, wie irrtümlich S. 20 Anm. 5 angegeben ist, sondern Elias und Jsak. S. 21 Anm. 2 ist daher zu streichen.

3

Wenige Tage später übernahm der bisher als Gehülfe beschäftigte Jude Meyer von Cronberg selbstständig die Leitung der Steuereinziehung. 1404 Dez. 17 wurde er bis auf Widerruf bevollmächtigt[1], die halben Judensteuern, jährlichen Zinsen und den goldenen Opferpfennig, sowohl die fällig werdenden als auch diejenigen, die von früher her noch ausstanden, von den Juden des Reichs zu erheben und darüber zu quittieren. Der ihm übertragenen Thätigkeit hat sich Meyer, unterstützt von seinen Brüdern, bis zum Jahre 1409 gewidmet. Leider fliessen uns auch über seine Amtsführung die Nachrichten nur spärlich. Die halbe Judensteuer nahm er 1405 Juni 10 in Augsburg in Empfang.[2] In Nürnberg, Rothenburg, Windsheim und Weissenburg hatte bisher der Nürnberger Berthold Pfintzing die halbe Judensteuer und den goldenen Opferpfennig eingezogen.[3] Da Pfintzing 1405 Aug. 25 starb[4], wurde auch die Steuererhebung in den genannten fränkischen Städten von Ruprecht an Meyer übertragen.[5] In Nürnberg lässt sich die geschehene Einkassierung durch die Zahlungsbefehle Ruprechts und die Quittungen Meyers urkundlich nachweisen. Für das Jahr 1408 erhob dieser jedoch in Nürnberg Anfang 1409 nur den Opferpfennig[6], die damalige halbe Judensteuer bekam der Hofschreiber Johann Kirchheim, der ebenso für 1409 sowohl den Opferpfennig als auch die halbe Judensteuer einforderte. — Von den Brüdern Meyers wird als Gehülfe besonders Symilin genannt. In unserer Urk. nr. 55 von 1406 Dez. 14 heisst es von ihm, dass Meyer ihn beim Einsammeln des Opferpfennigs gebrauche, 'wann er (Meyer) alle stete, do Juden siczen, allein nit wol ussgeriten möge'.*

Natürlich konnte Meyer die Jahressteuern und den goldenen Opferpfennig nur da einsammeln, wo nicht andere ein verbrieftes Besitzrecht daran hatten. Den Opferpfennig z. B. hatte Ruprecht selbst verpfändet oder verschrieben: von den Regensburger Juden[7] 1401

---

[1] Urk. nr. 21, vgl. nr. 22.   [2] RTA 5, 662 art. 5.
[3] S. XIX Anm. 2.
[4] Hegel, Die Chroniken der deutschen Städte 1, 86.
[5] Entsprechende Mitteilung an die vier Städte: Urk. nr. 41.
[6] Zahlungsbefehl Ruprechts an Nürnberg 1409 März 22: Chmel nr. 2746 Wiener 67 nr. 01. Für Meyer quittiert der Nürnberger Herdegen Valtzner.
[7] Urk. nr. 7. Der Opferpfennig wird nicht speziell erwähnt, doch ist er in dem Verzicht auf 'alle Dienste und Forderungen' einbegriffen. Eine besondere Urkunde über Erlass des Opferpfennigs, die man bisher auf Grund der ungenauen Darstellung bei Gemeiner, Reichsstadt Regensburgische Chronik 1, 354 annahm Wiener 57 nr. 27, Stobbe S. 74, wurde nicht ausgestellt.

Sept. 4 an die Herzöge von Niederbayern in Bestätigung älterer Pri-
vilegien, von den Juden in Stadt[1] und Bistum Köln[2] 1404 Juni 9
an Ruprechts Schwester, die Herzogin Anna von Berg, von den Juden
in Jülich, Geldern, Stadt und Stift Osnabrück, Grafschaft Ravensberg
1408 Febr. 27 und von denen in Dortmund und Hamm 1408 Aug. 20
gleichfalls an die Herzogin Anna[3], von den Juden im Erzstift Trier[4]
1408 Febr. 2 an Reinhard zu Westerburg. In den Herzogtümern
Braunschweig und Lüneburg liessen die Herzöge den Opferpfennig
und die Judensteuer einziehen und führten laut Übertragung[5] durch
Ruprecht von 1403 Febr. 5 nur die Hälfte der Einnahmen[6] an den
König ab[7].

Neben dem Opferpfennig und der halben Judensteuer hatten
Elias und Isak die fälligen Bussgelder zu erheben gehabt. Da
man über das Wesen dieser letzteren Einnahme bei Stobbe und
Weizsäcker vergebens nach Aufklärung sucht, sei hier an der Hand
der Quellen das Wissenswerte aus der Zeit vor Ruprecht kurz zu-
sammengestellt.

Unter Kg. Ludwig dem Bayer, der die Steuer des goldenen
Opferpfennigs einführte und den Satz aussprach[8], dass ihm die Juden
des Reichs mit ihrem Leib und Gut zugehörten 'und mügen mit ir
lib und mit ir gut tun, handeln und schaffen, was wir wellen und
wie uns gut düncht', *tritt uns in den Quellen auch zum ersten Male*
die Zahlung der Bussgelder entgegen. 1338 Mai 1 erklärt Ludwig[9],
sich mit den Juden in Worms geeinigt zu haben, dass sie ihm ihrer
'bräch und schuld wegen' *und auch zur Förderung seiner Reise*

---

[1] Vorher 1401 Juli 4 an zwei Räte des Kölner Erzbischofs: Urk. nr. 5.

[2] Urk. nr. 17.

[3] S. 55 Anm. 1.

[4] Chmel nr. 2466 (Wiener 66 nr. 84).

[5] S. 36 Anm. 1. Vgl. nr. 46.

[6] Der halbe Opferpfennig begegnet uns nur hier. Die halbe Juden-
steuer dagegen beruht auf der gleichen Steuerteilung in Franken, Schwaben,
am Bodensee, in der Schweiz und in Thüringen.

[7] Im Erzstift Mainz hatte der Erzbischof Johann 1403 Juni 19 Anspruch
auf den Opferpfennig erhoben und den urkundlichen Beweis für sein vermeint-
liches Recht versprochen: RTA 5, 516 art. 6. In den auf dem Mainzer
Reichstage im Januar 1405 vorgelegten Klageartikeln des Erzbischofs fehlt
diese Forderung: RTA 6, 26 art. 3. Der Beweis hatte also wohl nicht ge-
führt werden können.

[8] 1343 Febr. 5: Spiess, Archivische Nebenarbeiten u. Nachrichten 1, 110.

[9] Boos, Urkundenbuch d. Stadt Worms 2, 201 nr. 300.

nach Frankreich, wie andere Städte und Juden, 2000 Gld. geben sollen. Welcher Art diese 'Brüche und Schuld' waren, wegen deren sich die Wormser Juden mit Kg. Ludwig abfinden mussten, erfahren wir aus der bereits oben S. XXIX erwähnten Urkunde Karls IV. von 1348 Sept. 9, durch die der König neben andern Steuern die Erhebung der 'Bussen und Besserungen' von den Juden des Reichs an Erzbischof Baldewin von Trier übertrug[1]. *Die betr. Vollmachtsurkunde ist wichtig genug, um hier zugleich mit dem dazu gehörigen Befehl des Königs an die Landvögte aus den Originalen des Kgl. Staatsarchivs zu Koblenz in extenso abgedruckt zu werden:*

[2]Wir Karl von gots gnaden Römischer kunig ze allen zeiten merer des reichs und künig ze Beheim verichen und tun künt offenlich mit disem brief allen den, die in sehent, hôrent oder lesen: [1] daz wir alle gevelle, büsse, bezzerunge, steürungen, schatzüngen und schenkungen, die uns von rechte, von gewonheit oder von günste, von allen unsers Romischen reichs Juden, in welhem[a] landen si sitztzen und wonheftig weren, in dheinen weis gevallen und beschinen mügen, mit namen: [1a] ob kein Jude den Judischen pan über seinen rechten zil v erse]zze[b] [1b] und seine widersachen mit freüel und mit gewelde Jüdisch recht entsezze und verzüge, der selbe uns seines lipes und gütes vervallen were, so uns die Judischen meister nach iren rechten beschribent und erteilent; [c] und ouch ob chein Jüde den andern wider üns, unser lantvögt, amptleüt und frivunde oder wider ymande der unseren, do ez im an lip, an güt, an eren, schentlichen [od]er[c] schaedlich in keinen weis môhte sein, mit bösen sachen betrüge und verreite, der sachen man denselben verratenden[d] Juden [g]antz[e]

a*, d) So. b) Lücke von etwa 2 cm. Länge. An Stelle des dritten fehlenden Buchstaben scheint ein langes s gestanden zu haben. Dominicus liest: 'verlezze'. c Der erste fehlende Buchstabe ein nicht mehr mit Sicherheit erkennbares e. e) Die Buchstabenreste deuten auf ein zerstörtes g hin.

[1] Vgl. S. 6 Anm. 1.

[2] Kurtrier, Urkundenarchiv nr. 431: or. membr. c. sig. pend. laeso. Das an gelben und roten Seidenschnüren hangende Thronsiegel Karls ist rechts abgebrochen. Ohne Registraturvermerk. Auf der Rückseite steht in der oberen linken Ecke des zusammengefalteten Pergaments in gleichzeitiger Schrift: 'pro bonis Judeorum', weiter unten von späterer Hand: 'Karolus rex', darunter: '1348 und hierunter: 'de Judeis Baldewino', endlich noch weiter unten der Buchstabe B. Das Pergament und damit der Wortlaut sind besonders an den Bruchstellen zerstört. Die betr. Buchstaben sind von mir mit Cursivdruck in eckigen Klammern ergänzt. Extrakt bei Dominicus, Baldewin von Lützelburg S. 492; Reg. Boehmer Huber nr. 751.

gereht und unschuldig würde mit der warheit und mit der gerechtikeit fünde, was uns ouch von dem verreter nach der missetat seines verretnüzses gevallen und beschinen möchte; [*i'd*] und büssen von Juden, die in iren synagogen oder in keiner stat oder in keiner zeit, do si ez niht zu recht tun sölden, versmehenden, sich stechen oder slügen, was uns büsse darab gevallen und beschynen möchte; [*i'e*] und bezzerünge, die uns geveile von freuel und widerspenigkeit, die einich Jude, stifte oder sammenunge wider uns, unser lantvögte, amptleüte und[a] frivunde oder wider einich unser gebot sprechen, widerspenigenden oder teten, die büsse, die uns ouch nach dem freüel und der widerspenigkeide und[b] geheizzete und gebürde, danne[c] abe mügelich und billichen gevallen und[d] geschinen möchte; [*i'f*] und steürünge eins jerlichen guldein pfennigs von iedem Juden, der mer danne[e] tzwaintzig guldein geleisten mag, in aller der weis si den selben güldein pfennig etwenn Ludwige von Beiern antwürten und gaben, waz uns geltz denne[f] ab und von allen jerglichen steüren und schatzungen von allen unsers reichs Juden alle jerlichen gevallen und geschinen mag; [*i'e*] und ouch daz gevelle einer genemer[g] schenkunge von alle unsers reichs Juden umb unser gunst und umb ir briefe dez reichs recht und gewonheit, die si von iren sachen von alter und von allen ünsern vorsezzen der Römischen kunig haben, von uns ouch zů confirmeirn und ze bestetigen und unser briefe darüber ze geben mit allen den vorworten und gelübden, so in unser vorsezze an dem reiche gelobt und getan han, wie vil uns darumbe von im werden sol und man ez mit hin uberkomen mag, daz alles sunderlichen unde sammitlichen in aller weis und in allem lande unsers reichs, wie und wa sich[h] süliche getane sachen entztünden und geschehen, in allem rechte und in allen sachen, daz uns iht darab gevallen und beschinen mag oder möchte — dem erwirdigen Baldwin, der heiligen kirchen ze Trire ertzbischof, unserm lieben vettern und fürsten, mit unserm güten willen enpfolhen han und mit disem gegenwertigen brief enpfelhen, zu hanthaben, zu sazne, zů setzen, zu brechen und büssen, zu richten, zu entrichten, zů tedingen und zů uberkomen mit allen Juden unsers reichs in allen sachen und andern leüten von seinen wegen zu befelhen[i], in aller weis daz ez geschehe und sich gebürte.

a), b , d) Vorl. 'un' mit Haken uber n. In 'unde' anfzulosen: c', e .
f In Vorl. ist das e am Schluss hochgesetzt. g , h So. i Vorl. 'befolhen'.

[2] Und erlouben und mit unserm mutwillen verhengen dem vor-
genanten unserm lieben vettern oder den, den er ez von seinen
wegen bevilhet, die selben verschulten Juden, stifte oder sammenuge[a],
in welhem lande unsers reichs si sezzen und wonhaftig wern,
mit hilfe unser lantvogte, amptleute, unser frivunde zu aller zef[i]t,
daz si ez an si gesinnint, an ir lipp, ir schulde, eygen und[b] erbe
und an ir gut zu greiffen und si mit allem getwange und getrange
zu twingen und ze dringen, biz si sich noch[c] geheischet und ge-
burde ir missetate, ir widerspenigkeit und freuels mit unserm
vorgenanten lieben vettern oder mit den, den er ez bevilt, sassen-
dent, richtendent, bussendent und bezzerdent nach aller irem willen
und gemut, ane alle unser noch kein der unsern zorne oder wider-
sprache : und welherhande sassunge, satzunge, richtunge und uber-
komnige, die der vorgenant unser lieber vetter oder den er ez von
seinen wegen bevilht mit einicheme verschulten Juden, stifte oder
sammenuge von sulichen vorgeschriben verschulten sachen begriffen,
uberkomen und bestetigeden und ir einveltigen briefe, der ver-
schultener sache berichtungen und[d] verziegungen, gelubden und
geben, die sullen alle vest und stete sein und in alleweis macht
haben. *[3]* Und ensullen wir in keinenweis die selben verschulten
Juden, stifte oder sammenuge in cheinem lande unsers reichs, do
si sitztent und wonheftig seint, uber die sassenuge, satzunge und
berichtunge, die der vorgenant unser lieber vetter oder die, den
er ez von seinen wegen bevilht, mit in usgerredet und uberkomen
wern, in keineweis betruben noch beswern und keinerhande oka-
sune noch furtzog von *d*:er vers[ch]ulten sachen und missetat in
keineweis an si vordern, vorlegen und suchen, dez iren icht da
mit abezebrehen und abzedringen, wand wir uf die verschulten
Juden, stift und sammenuge, uf alle ir widerspenigkeit und misse-
tete[c], die si selbes wider uns, unser lantvogte, amptleute und fri-
vunde sprechen und teten oder der vorgeschriben missetete getan
oder begriffen heten, mit der berichtunge, sassunge, satzunge und
bezzerunge, die si mit unserm vorgenanten lieben vettern oder
mit den, den er ez bevilht, eintrehticlichen uberkomen wern,
luterlichen und gentzlichen han verzigen und mit disem gegen-
wertigen brief verziegen. *[4]* Und globen[f] in guten trewen, den
selben verschulten Juden alle ir gelubden und ir berichtunge stet

a , c . f) So.   b), d) Vorl. 'un' mit Haken uber n.   In 'unde' aufzulösen?
c) Das ubergesetzte e steht oben im Raume zwischen dem ersten e und t.

und veste zu haben und in keineweis da wider ze tun noch
schafen getan, gleicherweis so wir ez selber, unser lantvögte,
amptleûte und frivunde von unsern wegen mit den selben ver-
schulten Juden, stifte oder sammenuge von iren verschulten sachen
usgerredet und uberkomen weren und ir frevel und missetete ver-
ziegen und unser briefe von verziehnüzze daruber geben heten.
[5] Und geloben ouch in guten trewen, die selbe sassenuge,
satzunge und berichtunge zu allen zeiten, daz ez unser vorgenanter
lieber vetter oder die, den er ez von seinen wegen bevilt, be-
gerint und gerüchent und an uns gesinnent, die vorworte, die ge-
lübde und die briefe, die die verschulten Juden, stifte oder
sammenüge von verziegenuzze[a] irr missetete und irs freuels von
unserm lieben vettern oder von den, den er ez von seinen wegen
bevolhen hête, zû bevestene und ze bestetigen und unser briefe
darüber ze geben in alle der weis, vorworten und gelübden, so
sie ez mit unserm vorgenanten lieben vettern oder mit den, den
er ez bevilhet, gelôbt und gerredet habent, und nach begriffe der
briefe, die darüber gemacht und gegeben seint, sunder keinerhand
fürtzog noch widersprache. [6] Und wer ez sache, daz keiner
unser lantvôgt, amptleüt und frivunde, den ez unser vorgenanter
lieber vetter niht bevolhen noch geheizzen hêt, von sölchen ge-
tanen sachen, in welhem lande unsers reichs si sich entztünden
und geschehen, von keinerhant verschultener sache von einichem
Juden, stiften oder sammenügen keinerhand berichtunge, sasse-
nugen oder satzungen sich underwunden, leten und überkömen
und ir brief von verziegenüzze[b] von unsern wegen darüber geben,
daz ensol alles in keine weis macht noch stetikeit haben. Und
mag der selbe vorgenante unser lieber vetter oder die, den er ez
von seinen wegen bevilbt, zu allen zeiten si wellent und ez in
füget, die selben berichtunge, sassunge und satzunge widersprechen
und widertriben und ir gelübde, stetikeit oder briefe, darüber ge-
macht und gegeben, vernihten und brechen und die selben ver-
schulten Juden, stifte unde sammenuge an ir lipp, ir schulde,
eygen, erbe und an ir gût griffen und die selben Juden mit ge-
venknüzze und mit getwenknüzze darzu twingen und dringen, daz
si sich mit unserm vorgenanten lieben vettern oder mit den, den
er ez bevilhet, müzen richten, sassen und setzen und nach allem
iren gemûte und willen büssen und bessern, gleicherweis so sie

a), b) Das g ist aus einem h verbessert, dessen oberer Teil radiert ist.

nye kein berichtunge mit keinem unser lantvôgten, amptleûten
oder friuvnden" angegangen noch getan heten. *[7]* Und darzu
süllen unserm vorgenanten lieben vettern und den, den er ez be-
vilhet, zû allen zeiten sie ez gerûchent und gesinent, alle unsers
reichs lantvôgete, amptleûte, undertan und verbünden bey irem
eyde fürdern, raten und helfen und in keine weis bey unsern
hulden sämen, hindern noch irren, wand wir unserm vorgenanten
lieben vettern alle die vorgeschriben sachen gentzlichen und gær-
lichen in alle der weis, so si da vorgeschriben sint, und alle unser
recht, förderunge und macht in alle der weis, vorworten und gelübden,
so ez da vor begriffen ist, be[v]olhen und ufgetragen han und uns
noch unsern frivunden dez in dhein weis nicht behalden noch
usgescheiden. Mit urchünd ditz br[iefs], versigelt mit unserm ku-
niglichen insigel, der geben ist ze Prage nach Cristus gebûrt driu-
tzehenhundert jar und in dem achten und viertzigosten jare an
dem nehsten tag nach unser frauwen tag, als sie geboren[b] wart,
in dem dritten jar unserer reiche.

[1]Wir Karl von gots gnaden Römischer künig ze allen zeiten
merer des reichs und küng ze Beheim enbieten den lantûogte,
richtern, amptleûten und allen unsern und des heiligen Römischen
reichs undertanen und getrewen unser huld und alles gût. *[1]* Wiz-
zent, daz wir alle büssen, besserûngen, gevelle, schatzungen und
schenkûngen, die uns in aller weis von allen Juden, stifte oder
sammenugen[c] in allem lande unsers reichs, wo si sitztzent und
wonheftig seint, von missetete, von widerspenicheide, von frevel,
von recht oder von günsten in keinen weis beschinen oder gevallen
möchten, unserm lieben andehtigen getrewen fürsten und vettern,
dem erwirdigen Baldwin, der heiligen kirchen ze Trîre ertzbischof,
in alle weis gentzlichen und gærlichen ufgetragen hon und be-
volhen, zû sassene, zû setzene, zû brechene, zû büssene, zû richten

a), c) So.   b) Das zweite e ist in Vorl. übergesetzt.
[1] Kurtrier, Urkundenarchiv nr. 432: or. membr. c. sig. pend., Thron
tegel an gelben und roten Seidenschnüren. Ohne Registraturvermerk. Auf
der Rückseite etwa in der Mitte des zusammengefalteten Pergaments steht von
einer gleichzeitigen, aber anderen Hand die Zahl 73 und darunter: 'König
Karl gibt ertzb[ischo]ve Baldewin alle buessen und freüel oder schatzung und
schenck der Judden, allenthalben gesessen', ferner hierunter: 1348. — Erwähnt
bei Dominicus, Baldewin von Lützelburg S. 492: Reg. Boehmer-Huber nr. 752.
Ungenauer Abdruck durch Liebe in der Westdeutschen Zeitschrift 12 (1893),
372-373 nr. III.

und zu entrichten und andern leűten von seinen wegen zů be-
velne, so die brief sprechent, die daruf gemacht sint und im von
uns darüber geantwűrt und gegeben. *[2]* Darumb gebieten wir
iuch allen und euwern ieglichen besundere ernstlichen und wellen,
daz zů welher zeit und in welhem lande unsers reichs iuch von
uns bevolhen einich Jude, stifte oder sammenuge einicherhande
bussebere oder wandelbere missetat, widerspenicheit oder frevel
wider ir Judisch recht, wider uns, wider euch, wider unser gebot
in kein weis teten oder getan schüfen, daz ir zehant, so ez für
eűch kőmt und ir ez bev der warheit gewar werdent, an der ver-
schulterna Juden, stifte oder sammenugen lipp, gůt, schulde, eygen
und erbe, wo und wie ir dez iren begriffen oder haben můget,
antastet, nemt, grîfft und in euwer hant wendent und in kein
sassunge, satzunge, berichtunge mit in reddet noch überkomt
und kein busse noch besserunge, meyde noch schenkungen von
hin umb ir missetat, widerspenicheit oder freuel zů verlazzen und
zů verziegene in kein weis enpfahet noch nemet, wandb zů hantz
nach der geschiht unserm vorgenanten lieben vettern oder den,
den erz von seinen wegen bevilhet, wizzen lazzet, und der selben
verschulternc Juden lipp, gůt, schulde, eygen und erbe, von iuch
anegriffen und in euwer hant gewanten, allesam gærlichen und
gentzlichen unserm vorgenanten lieben vettern und den, den er
ez bevilht, beweisent, antwůrtent und gebent und iuch der sachen
nicht vereinen, fürbaz in kein weis angriffen noch underwindent.
[3] Wand zů aller zeit daz der vorgenant unser lieber vetter oder die,
den er ez bevilht, an iuch fürdernuzze, rat oder hilf gerůchen und
gesinent, so süllet ir in bey urem eyde darzů fürdern, raten und
fleizzelichen helfen und si in kein weis bey unsern hulden sûmmen,
hindern noch irrend, wand wir alle unser macht, recht und fürde-
runge dem vorgenanten unserm lieben vettern gærlichen und gentz-
lichen ufgetragen han und bevolhen und uns noch unsern fri-
vunden dez rechtes noch der fürderunge icht behalden noch us-
gescheiden. Mit urchűnd ditz briefs versigelt mit unserm kung-
lichen insigel, der geben ist zů Prage nach Cristus gebűrt driu-
tzehenhundert jar und in dem achten und viertzigstem jare an
dem nehsten tag nach unsere frauwen tag, als sie geborene wart,
in dem dritten jar unserer reiche.

a), c) So. b) In der Vorl. ist das grosse w anscheinend aus einem grossen m
verbessert ; auch das a ist nicht ganz klar. d) Das zweite r ist übergeschrieben.
e) Das zweite e ist übergesetzt.

Seinen Anspruch auf die 'Brüche und Schuld' oder, wie die beiden vorstehenden Urkunden sich ausdrücken, die 'Bussen und Besserungen', machte also Karl IV. in folgenden Fällen geltend. Mit Leib und Gut sei ihm auf Anzeige der Judenmeister verfallen: 1) wer länger als 30 Tage im jüdischen Banne bleibe[1], 2) wer böswillig seinen Gegner vor das christliche anstatt vor das jüdische Gericht ziehe[2]; Strafgelder hätten zu zahlen: 3) wer den andern fälschlich bei dem König oder dessen Beamten denunziere[3], 4) wer den andern in der Synagoge oder sonst widerrechtlich schmähe, steche oder schlage[4], 5) wer sich gegen den König oder dessen Beamte ungehorsam und widerspenstig erweise[5].

Keineswegs dürften unter Ludwig dem Bayer diese Bussgelder allgemein von den Juden verlangt worden sein. Karl IV. hätte es nicht nötig gehabt, die einzelnen Fälle so detailliert aufzuführen, wenn die Verpflichtung bereits in weiteren Kreisen bekannt und anerkannt gewesen wäre. Auch konnte es sich selbst im letzteren Falle immer nur um zeitweilige Eintreibungen der Bussgelder handeln. Eine dauernde konsequente Geltendmachung der geschilderten Ansprüche lag garnicht im pekuniären Interesse des Königs. Würden die in den artt. 1ᵃ-1ᵈ Bedrohten stets Leib und Gut verloren bezw. fühlbare Geldbussen erlitten haben, es hätte schwerlich sich jemand in den jüdischen Gemeinden noch fernerhin dem Banne längere Zeit ausgesetzt oder an Stelle des jüdischen Gerichtes die christliche Obrigkeit angerufen, der

---

[1] Dies ist mit dem allzu langen Verweilen im jüdischen Banne über dessen rechtes Ziel hinaus (art. 1ᵃ) gemeint. Vgl. Stern in den Monatsblättern f. Vergangenheit u. Gegenwart d. Judentums ed. Koenigsberger (Berlin 1890) 121 z. J. 1223 und aus späterer Zeit unsere nr. 44: S. 35 10-12, sowie Josef Kolon, Gutachten ed. Cremona 1557³, nr. 168 Bl. 133 col. b: פן יטליטלו טליו מצד

המלבית אם יאמרי הדיים לפסיל את הדין ייאמרי דחל טלייהי שמתא תלתין
יימן ישממוני אבוד ומוכתב למלבות.

nr. 169 Bl. 133 col. c: באטר הדבר ידוע ימפורסם שבל מי שהיה בנדוי שלטים
יום שממונו מוכתב למלבות.

[2] art. 1ᵇ. Über das Verbot der Anrufung nichtjüdischer Gerichte siehe die wiederholten Beschlüsse der Rabbinerversammlungen bei Stern a. a. O. S. 32, 34, 35-39 art. 1, 85, 156-157.

[3] art. 1ᶜ, vgl. Stern a. a. O. S. 33, 34, 85.

[4] art. 1ᵈ, vgl. Stern S. 31.

[5] art. 1ᵉ. Über hierher gehörige Strafgelder wegen Übertretung des kgl. Verbotes, mit Geächteten Gemeinschaft zu haben, siehe S. 27 Anm. 2, wegen Missachtung des Kgl. Majestätsbriefs betreffs Israels: nr. 61 u. 62, wegen Nichtzahlung des Opferpfennigs: S. XXXIII.

Schandfleck des Denunziantenwesens ware aus den jüdischen Gemeinden mit einem Schlage geschwunden und andächtige Ruhe in den Synagogen eingekehrt. Für den Anfang hätte die Kgl. Kammer reiche Summen eingenommen, dann aber wäre diese Einnahmequelle so gut wie völlig versiegt.

Anstatt das ganze verfallene Vermögen zu konfiszieren, begnügte sich Kg. Ludwig mit einer durch seine Bevollmächtigten, die Landvögte, Amtleute etc., vereinbarten Pauschalsumme, sei es von einzelnen Juden, sei es von den jüdischen Gemeindevorständen, welche die Bussgelder bereits für die eigene Kasse eingezogen hatten, wie z. B. 1338 in Worms. Die von Karl IV. an den Erzbischof Baldewin von Trier übertragene Eintreibung der Bussgelder und der andern Steuern kam aus dem oben S. XXVII angeführten Grunde überhaupt nicht zu stande. Auch nach 1349 machte die Verödung der deutschen Judengemeinden eine Steuereinkassierung illusorisch. Erst 1360 hielt Kaiser Karl die Zeit für gekommen, an den neuerstandenen Gemeinden seine Rechte geltend zu machen. In Übereinstimmung mit den Fürsten beschloss er die Wiedereinbringung der früher von den Juden an die kaiserliche Kammer gezahlten Abgaben und bevollmächtigte[1] 1360 Dez. 6 den Bischof Dietrich von Minden, von allen Juden 'den keyserlichen cyns, den sie und ir vorfarn weilent in des reichs kamer gelden pflagen, und auch alle velle und bruche, di ir cleich gebot anrurend, und bi namen den guldeinen pfennung von iren leiben, als er von alder[2] herkomen ist', *einzufordern und alle Ungehorsamen an Leib und Gut zu strafen. Über die Ausführung des dem Mindener Bischof und gleichzeitigen böhmischen Kanzler gewordenen Auftrages ist nicht das Geringste bekannt. Das 'ehelich Gebot' ist die ê, die Thora, das jüdische Gesetz, und die 'Fälle und Brüche', die daraus dem Kaiser zuflossen, nichts anderes als die entsprechenden 'Bussen und Besserungen' in den Urkk. Karls IV. von 1348 Sept. 9.*

Die Vollmachtsurkunde für Baldewin von Trier bespricht nur die Vergehungen unter den Mitgliedern der jüdischen Gemeinden und gegen die Kgl. Beamten. Neben den hierfür zu entrichtenden 'Bussen und Besserungen' gab es jedoch noch Strafgelder, die von den Juden

---

[1] Glafey, Anecdotorum S. R. J. historiam ac ius publicum illustrantium collectio, S. 483-484 nr. 359. Boehmer-Huber Reg. nr. 3456.

[2] Die Steuer des Opterguldens wurde Anfang 1342 eingeführt Stobbe S. 31), war also Nov. 1360 erst knapp 19 Jahre alt!

nicht an den König, sondern an die Herren und Städte zu zahlen waren, wenn sich Juden durch Übertretung städtischer Vorschriften, durch Steuerverweigerung, Körperverletzung, Betrug und andere Delikte gegen Christen vergingen. Die Erhebung derartiger Strafgelder stand den Obrigkeiten zu, die den Judenschutz und mit ihm die Gerichtsbarkeit über die Juden besassen. Abgesehen von der einmaligen Geldzahlung oder entsprechenden Leistung bei Übertragung des Judenschutzes hatte der König keinen Nutzen von diesen Einnahmen. Als vollends Ludwig der Bayer und Karl IV. einzelne Judenschaften mit allen Nutzungen an Herren und Städte verpfändeten, geschah dies mit der ausdrücklichen Zusicherung unbeschränkter Jurisdiktion, mit dem Rechte zu 'brechen' *und zu* 'büszen'[1], 'es sey auch umb frevel, pene, schulde oder umb ander sache'[2]. *Erst bei Gelegenheit der Judenschuldentilgung 1390-1392 wurde dem König der halbe Anteil*[3] *in denjenigen Fällen zugestanden, wo auf Grund irgend eines Vergehens die Obrigkeiten das jüdische Vermögen konfiszierten oder zum grossen Teil beschlagnahmten. Zwar weisen nur die Urkunden für Nürnberg*[4], *Rothenburg*[5] *und Windsheim*[6] *auf diese Teilung besonders*

[1] Karl IV. betreffs der Wormser Juden 1348 Jan. 4: Boehmer-Huber Reg. nr. 529; Boos, UB. 2, 259₃.

[2] Derselbe betreffs der Juden in Rothenburg und Nürnberg 1349 Juni 29: Bensen, Histor. Untersuchungen über Rotenburg S. 179; Wiener 128 nr. 192, Boehmer-Huber Reg. nrr. 1046 u. 1047.

[3] Gleiche Teilungen der von den Juden gezahlten Bussgelder fanden bereits früher zwischen Herren und Städten statt: in Amberg zwischen der Stadt und den Pfalzgrafen: v. Löwenthal, Gesch. d. Stadt Amberg, Urkundenbuch S. 14 nr. 17 z. J. 1347 Febr. 14; Gengler, Cod. iur. municipalis Germaniae 1, 36 nr. 16; in Regensburg zwischen der Stadt und den Herzögen von Niederbayern: Stobbe S. 82.

[4] 1390 Sept. 16: RTA 2, 324 art. 6. Die Möglichkeit 'wer ouch sache das ein val von den Juden geschehe' bezieht sich auf etwaige Vermögenskonfiskationen infolge eines Deliktes.

[5] 1390 Sept. 16: a. a. O.: nr. 180.

[6] Eine gleiche Urk. für Windsheim wie für Nürnberg und Rothenburg ist bisher noch nicht bekannt geworden. Dass aber eine solche Urk. an demselben Tage ausgestellt wurde, zeigt die Privilegienbestätigungsurkunde Ruprechts für Windsheim von 1401 Okt. 30 Chmel nr. 1016, unvollständig Wiener 57 nr. 20, die mutat. mutand. wörtlich mit der Bestätigung Ruprechts für Nürnberg von 1401 Jan. 6 (Urk. nr. 3) übereinstimmt. Letztere ist aber selbst wiederum nichts anderes als eine Wiederholung der gleichen Urk. Wenzels von 1390 Sept. 16 unter Weglassung der artt. 4, 7 und 8 Weizsäckerscher Zählung. In der Urk. Ruprechts für Windsheim ist der art. 8 sogar beibehalten.

hin, doch ist dasselbe Übereinkommen auch in den andern Städten, mit denen sich der König über die halbe Judensteuer einigte, in Franken, Schwaben, am Bodensee, in der Schweiz und in Thüringen, als selbstverständlich vorauszusetzen.

Die Eintreibung dieser Bussgelder nun sowohl derer, welche die Juden direkt an den König zu zahlen hatten, wie derer, die zur Hälfte von Herren und Städten abgeliefert werden sollten, nahm Ruprecht energisch in Angriff. Seine mit der Erhebung des goldenen Opferpfennigs betrauten jüdischen Steuerboten Elias und Isak erhielten auch den Auftrag, überall nachzuforschen[1], wo 'Gebrechen und Frevel' ('Frevel und Brüche') von den Juden untereinander oder zwischen Juden und Christen bisher begangen seien oder begangen würden, die dafür dem Könige zu zahlenden[2] Bussgelder einzufordern und wegen der Höhe der Summen zu unterhandeln.[3] Neben Elias und Isak blieben jedoch mit der Einkassierung von Bussgeldern nach wie vor die Kgl. Amtleute, Landvögte und sonstigen Beamten beschäftigt. 1404 werden uns z. B. solche Zahlungen aus Nördlingen[4] und Kreuznach gemeldet, ohne dass der Mitwirkung der beiden jüdischen Steuerboten Erwähnung geschieht.

Ganz allein hatten die genannten Beamten des Königs die Bussgelder zu erheben, als Elias und Isak durch Meyer von Cronberg ersetzt wurden und dieser nur die halben Judensteuern, die jährlichen Zinsen[5] und den goldenen Opferpfennig einsammelte. Als Unterhändler

---

[1] S. 6 18.19: 'da sollent sie nach erfaren herfaren)'. Es ist dies zum Teil eine Erweiterung des bisherigen Systems, nach dem in den beiden ersten S. XLII aufgezählten Fällen erst eine Anzeige seitens der Rabbiner erstattet werden musste, siehe S. XXXVI: 'so uns die Judischen meister nach iren rechten beschribent und erteilent'.

[2] S. 8 2: 'darumbe uns als ein Romischen kunige billich besserunge gescheen sal'. Höfler S. 377, der die Stelle falsch verstanden hat, folgert aus ihr, dass es Ruprecht nicht allein um das Geld zu thun war, sondern dass er auch die Besserung der Juden im Auge hatte!

[3] Nach Stobbe S. 148, dem Weizsäcker RTA 6.170 6 folgt, wurde den beiden Juden die Handhabung der 'kaiserlichen Gerichtsbarkeit in Streitigkeiten der Juden unter einander und mit Christen' übertragen. Davon steht in den betreffenden Urkk. nichts. Siehe S. 6 Anm.

[4] S. 52 Anm. 1.

[5] Die Bussgelder zog Meyer nicht ein. Die 'jährlichen Zinsen' sind nicht die 'Frevel und Brüche', wie S. 18 Anm. 1 irrtümlich angenommen wurde, auch nicht mit Nübling S. 441 die 'Jahreshauszinsen', sondern im Gegensatze zu den halben Judensteuern die ganzen Jahressteuern, sowohl von den

in Sachen der Bussgelder sind 1404 in Krenznach[1] der Bacharacher Zollschreiber Johannes, 1405 in Frankfurt[2] der Landvogt der Wetterau, Hermann von Rodenstein, thätig. Für Nürnberg, die damals nach Erfurt grösste Judengemeinde, bestellte[3] Ruprecht 1406 Juni 21 in der Person des Amtmanns Hartung von Egloffstein einen Bevollmächtigten mit der Befugnis, alle gebannten Juden in und in einem Kreise von sechs Meilen um Nürnberg zu bestrafen und mit ihnen wegen der zu zahlenden Bussgelder zu unterhandeln.

Dieser von Ruprecht gewählte Modus der Bussgeldererhebung war jedoch nicht von Misständen[1] frei und führte zu berechtigten Klagen der Juden über Bedrückungen durch die Amtleute[5]. Bei vorkommenden Vergehungen, wie bei böswilligen Verschleppungen jüdischer Prozesse vor das christliche Gericht, bei Denunziationen, Schlägereien, Widersetzlichkeiten gegen die Kgl. Beamten war die richterliche Entscheidung und die Höhe[6] des Strafgeldes ganz dem persönlichen Ermessen der Amtleute überlassen. Es war nur natürlich, dass hierbei, da die Amtleute dem innern jüdischen Gemeindeleben gänzlich fremd gegenüberstanden und der Kenntnis des jüdischen Rechtes entbehrten, der Willkür Thor und Thür geöffnet waren. Ebenso drohte den Juden der Ruin durch die Anordnung, dass, wer mehr als 30 Tage

nicht vergebenen oder verpfändeten Judengemeinden, wie von den Einzelprivilegierten S. XXIII Anm. 1. Bis zur Bevollmächtigung Meyers hatten Johannes Winheim und Johannes Kirchheim diese Jahressteuern eingezogen: RTA 6, 761 art. 135, 762 art. 143.

[1] RTA 6, 762 art. 141. Der Zollschreiber bediente sich als Boten des Kgl. Thürhüters Betendorfer.

[2] Urk. nr. 31, vgl. S. 23,3 und 28,25. Hermann von Rodenstein unterhandelte bereits 1404 mit den Frankfurter Juden wegen der Privilegienbestätigung und des für diese zu entrichtenden Geldes: Urkk. nr. 18 u. 19.

[3] Urk. nr. 45.

[4] Über das Folgende siehe die Ausführungen Ruprechts in seiner Urk. für Israel von 1407 Mai 3: Verzeichnis der Drucke weiter S. 39 Anm. 4.

[5] 'und mit namen allermeiste, daz sie sich von unsrer amptlute, diener oder andrer Christen beswerunge und bedrange icht clagen bedorfe oder moge in keinen wege, sundern einen obern, der irs glauben ist und ire rechte und notdurft erkennet, furbas habe'.

[6] Die Entsetzung jüdischen Rechtes wird zwar S. XXXVI art. 1b mit Verlust von Leib und Gut bedroht, doch ist schwerlich jemals in Wirklichkeit wegen dieses Vergehens das ganze Vermögen konfisziert worden, ebensowenig wie jemand deshalb seine Freiheit oder sein Leben verlor. Hier wie beim allzulangen Verweilen im jüdischen Bann S. XXXVI art. 1a trat eine entsprechende grössere Geldbusse als Strafe ein.

*im jüdischen Banne verbliebe, seines Vermögens verlustig gehen sollte.
Die Amtleute schritten ohne weiteres gegen die betreffenden gebannten
Juden ein, ohne nach der Qualifikation des bannenden Rabbiners zu
fragen oder zu untersuchen, ob der Bann mit Recht oder Unrecht
gefällt worden sei. Es gaben sich aber gewissenlose Leute für Rab-
biner aus, die es garnicht waren und aus der Ausübung des ange-
massten Bannrechts ein gewinnreiches Geschäft machten, indem sie mit
erdichteten Beschuldigungen besonders gegen die Reichen auftraten und
an ihnen durch Bannandrohung oder durch thatsächlichen Bann un-
verschämte Erpressungen verübten[1]. Auch unter den wirklichen Rab-
binern fanden sich Unwürdige, die nur darnach strebten, sich zu be-
reichern und daher das Bannrecht im eigenen pekuniären Interesse
missbrauchten[2]. Die Folge davon war, dass einzelne reiche Juden
nicht länger ein Spielball in den Händen charakterloser Rabbiner und
unwissender Amtleute sein wollten und sich zur Auswanderung ent-
schlossen. Durch den Wegzug solcher kapitalkräftigen Leute wurden
aber die Einkünfte des Reichs, der Herren und Städte verringert.
Insbesondere klagte der König* 'daz uns und dem riche unser rechte
von des gulden opferpfennings oder ander nucze oder felle wegen,
die uns als eine Romischen kunige von rechte und alten herkomen
geburen, icht verloren und geswechert werden'. Auch fühlte er
sich in denjenigen Fällen geschädigt, wo sich Juden gegen ihren
Glauben vergingen und in Ermangelung eines Rabbiners oder aus
einem andern Grunde überhaupt keine Bestrafung und Bannverhängung
erfolgte, dem Könige also das etwaige Bussgeld entging*[3].*

---

[1] 'und auch von vil Juden, die sich selber für hohemeister in Judischer
künste ussgeben und nennen, durch erdachter, unverschulter, unredelicher und
unwarhaftiger sachen willen, die iczund of den oder die Juden oder Judinne
erdacht und geleget werden, mit dem Judischen banne beswert und in gelte
abzudringen umbgetriben und genötet werden, durch des willen etlich vertriben,
etlich rumig werden müssen'.

[2] Siehe über diese Verhältnisse Güdemann, Gesch. d. Erziehungswesens
u. d. Cultur d. Juden 3, 45 ff.

[3] 'und besunder das die Judischeit umbe kuntlich und offenbar missetat
in irem glouben und mit iren Judischen rechten und bennen icht ungestraffet
und ungebüsset belibe, daz si icht dester durstiger werde, missetad zn tund'.
Trotz des letzteren irreführenden Zusatzes zeigt der ganze Zusammenhang, dass
der König lediglich die pekuniäre Schädigung befürchtet. Anderenfalls konnten
ihm die ungesühnten 'Missethaten', welche die Juden gegen ihren Glauben be-
gingen, wie etwa die Übertretung des Sabbats und der Speisegesetze oder
irgendeiner Gemeindeverordnung, völlig gleichgültig sein.

Um diese Schmälerung der Kgl. Einkünfte zu verhindern, bestellte Ruprecht 1407 Mai 3 den Judenmeister Israel zu des Königs und des Reichs *jüdischen Hochmeister über alle jüdischen Hochmeister, sowie Juden und Jüdinnen in deutschen Landen* mit der Vollmacht, alle Juden Deutschlands vor sich zu laden, nach jüdischem Recht zu richten und mit dem jüdischen Banne zu bestrafen. Zugleich erhielt der Kgl. Reichsjudenmeister den Auftrag, die Bussgelder im Namen des Königs einzuziehen und bei ausbleibender Zahlung des Opferpfennigs, der gewöhnlichen Judensteuer und der sonstigen Gelder durch Handhabung des Bannes die Säumigen zur Leistung anzuhalten. Durch Eidschwur musste Israel geloben, sein Amt nach bestem Vermögen zu versehen, insbesondere keinen Juden widerrechtlich, noch dessen Privilegien oder dem jüdischen Rechte entgegen oder um unwahrer Sachen willen zu laden und zu bannen. Alle jüdischen Hochmeister, Juden und Jüdinnen Deutschlands wurden aufgefordert, den genannten Israel als ihren obersten Hochmeister anzusehen und ihm im jüdischen Rechte zu gehorchen.

Auf solche Weise glaubte der König, am besten für seinen Vorteil zu sorgen; denn der war für ihn der massgebende Gesichtspunkt. Die religiösen Angelegenheiten des Judentums nach Art des Katholizismus zu ordnen und den Juden in der Person des Israel einen Papst zu setzen[1], lag ihm ebenso fern wie die ihm zugeschriebene Absicht, dem kirchlichen Leben der deutschen Judenschaft eine Art von deutschnationaler zusammenfassender körperschaftlicher Gestaltung zu geben[2]. Auch daran dachte er nicht, für die Juden durch Ernennung eines obersten Richters eine Art von zusammenfassender Organisation einzuführen[3]. Wohl wurde Israel zum Hochmeister über alle andern Hochmeister und Juden eingesetzt, aber nicht zu dem Zwecke, dass er nun alle jüdischen Prozesse, Rechtsfälle und Streitigkeiten entscheiden sollte[4]. Wie die Juden unter einander fertig wurden, wenn es sich nicht um Bussgelder handelte, bereitete dem Könige durchaus keinen

[1] Güdemann in Mtsschr. f. Gesch. u. Wiss. d. Judentums 1864, 107.
[2] Nübling S. 445.
[3] Wiener, Regesten S. 74. Weizsäcker, RTA 6, 170.
[4] Natürlich stand es dem Könige frei, hiervon Ausnahmen zu machen und einzelne Juden der ausschliesslichen Jurisdiktion Israels zuzuweisen. So that er 1407 Juni 20 einigen Juden auf Widerruf 'die besunder gnade', dass sie auf Ansprüche anderer nur vor Meister Israel zu Recht stehen und vor keinen andern Judenmeister geladen werden sollten: Urk. nr. 56. Wäre Israel am

Kummer. Zur Entscheidung der religiösen Angelegenheiten der Juden oder zur Regelung ihrer Gemeindeverhältnisse einen obersten Richter einzusetzen, hatte Ruprecht gar keine Veranlassung. Welche Vollmacht vielmehr Ruprecht an Israel erteilte, ist bereits oben aus der Urk. vom 3. Mai kurz referiert. Während bisher der König oder die Amtleute nur zuweilen von Vergehungen und Bannungen der Juden erfuhren, war jetzt durch das Amt des Reichsjudenmeisters eine ständige Kontrolle geschaffen. Er nur allein sollte in Deutschland das Bannrecht ausüben; nur er sollte in denjenigen Strafsachen, aus denen dem König eine Busse zufiel, das Urteil fällen, nur er die Bussgelder einziehen. Mit 'laden, bannen oder urteilen' *sollte er dafür sorgen, dass die Rechte, die der König und das Reich an den Juden hatten, nicht geschmälert, die ordentlichen und ausserordentlichen Abgaben, insbesondere die Bussgelder, gezahlt würden.*

Wo der von Ruprecht ernannte Reichsjudenmeister seinen Wohnsitz hatte, wird in der Urk. vom 3. Mai nicht gesagt; es heisst dort nur, dass der Judenmeister Israel 'in Judischen künsten ein bewerter und alter meister und auch in der Judischheit eins solichen guten leumden si, das er keinem Juden ni kein unrecht getan habe, sunder daz er in sinem Judischen glauben ein gelerter und redelicher Jude si und auch nie keine Juden oder Judinne, wo die gesessen oder wie die genant sin, mit sinem Judischen banne oder andern sachen zu unrecht umbgetrieben oder besweret habe noch furbaz wider rechte umbtriben oder besweren wolle'.[1] *Graetz hat diesen Israel mit dem Rabbiner Israel von Krems identifiziert[2], als Wohnsitz jedoch Nürnberg vermutet. Beides ist falsch. Mit dem österreichischen Rabbiner hat unser Israel nichts zu thun, er wohnte auch nicht als Reichsjudenmeister in Nürnberg, sondern in Rothenburg. Seit September 1406 war er dort ansässig, seine Aufnahmeurkunde vom 17. Sept. mit der eigenhändigen Unterschrift Israels, des Sohnes Isaks, ist noch erhalten[3]. Vorher freilich wirkte er drei Jahre als*

---

3. Mai allgemein zum obersten oder alleinigen Richter der Judenschaft eingesetzt worden, so würde die Urk. nr. 56 keine besondere Gnade darstellen und überhaupt überflüssig sein. Die Angabe daselbst S. 44₃₆, dass Israel dazu gesetzt sei, 'soliche sachen under der Judischeit zu rechtfertigen' ist nicht bestimmt genug.

[1] Die Charakterschilderung, als deren Quelle 'glaubhaftige Leute' angegeben werden, ist zu Gunsten Israels gefärbt. Siehe S. l. Anm. 3 und S.

[2] Gesch. der Juden VIII³, 102-103, dem G. Wolf in Zeitschr. f. d. Gesch. d. Juden in Dtschl. 3, 159 folgt. Beide stimmen auch darin überein, dass sie Ruprecht zum Kaiser machen. [3] Urk. nr. 49.

Rabbiner in Nürnberg, wo er 1403 Sept. 1 als Bürger[1] aufgenommen wurde; doch führte die Rivalität[2] zwischen ihm und dem bereits vorher in Nürnberg ansässigen, gleichfalls rabbinisch gebildeten Coppelmann zu Streitigkeiten, die zur Folge hatten, dass die Nürnberger Talmudschule geschlossen wurde und Israel mit Anfang September die Stadt verlassen musste.[3]

Am 3. Mai 1407 zum Reichsjudenmeister ernannt, begann Israel Ende Juni seine Thätigkeit. Er erhielt einen vom 22. Juni datierten Geleitsbrief[4], in welchem Ruprecht kund that, dass Israel laut Kgl. Majestätsbriefs eingesetzt sei, 'alle unredelich sach under der Judischeit zu rechtfertigen', *und allen Unterthanen und Behörden befahl, dem Israel in seinen Geschäften förderlich zu sein und ihm und seinen Knechten und Dienern Geleit zu geben. Zwei Gehilfen Israels, Meyer[5] und Jakob, von denen letzterer als Schreiber[6] Israels bezeichnet ist, wurde am 27. Juni gleichfalls ein Kgl. Geleitsbrief[7] ausgefertigt.*

Der Plan Ruprechts war klug ersonnen. Dennoch musste die Ausführung daran scheitern, dass Ruprecht die Eigenart der jüdischen Verhältnisse nicht in Erwägung gezogen hatte. Die Einsetzung eines Rabbiners durch den König widersprach der jüdischen Gemeindeordnung. Selbst wer das Kantorat oder auch nur das Recht, die Thora zusammenzurollen, sowie irgendein Amt auf Veranlassung von Nichtjuden ausübte, verfiel dem jüdischen Bann[8], geschweige denn wer wie Israel vom

[1] Stern, Die isr. Bevölkerung d. deutschen Städte 3, 48.

[2] Jakob Weil, der in seinem Rechtsgutachten nr. 151 Israel und Coppelmann als friedlich neben einander amtierende Rabbiner aufzählt, war falsch berichtet.

[3] Stern, Isr. Bevölkerung 3, 280-281 art. 5-6, 285 art. 13. Die Aufhebung der Talmudschule geschah durch Ratsbeschluss von 1406 Aug. 31. Die Judengemeinde wurde aufgefordert 'iren meister raby varen (zu) lassen und hin zu schicken'. Letzteres scheint doch darauf hinzuweisen, dass Israel mehr als Coppelmann für den Zwist verantwortlich gemacht wurde; anderenfalls hätte er geradeso wie Coppelmann als Privatmann in Nürnberg bleiben können!

[4] Urk. nr. 57.

[5] Schwerlich Meyer von Cronberg, dessen Geleitsbrief von 1404 Dez. 17 Urk. nr 22, noch in Kraft war.

[6] Über einen andern Schreiber Israels siehe S. 46 Anm. 1.

[7] Urk. nr. 58.

[8] Stern in den Monatsblättern f. Vergang. u. Gegenw. d. Judts. Berl. 1890, 33. 34, besonders 84. Güdemann, Gesch. d. Erziehungswesens 3, 37. Es wirft ein schlechtes Licht auf Israel, dass er den König nicht von vornherein auf die jüdische Sitte aufmerksam machte und vor allem selbst bereit war, sich über diese hinwegzusetzen. Die Entschuldigung, die Güdemann a. a. O. S. 38 für Israel vorbringt, dass dieser sich in einer Zwangslage befunden

König das Amt des Reichsjudenmeisters annahm. Ebenso wenig wie hieran hatte Ruprecht an einen Widerstand der Rabbiner gedacht. Und doch war es nur natürlich, dass diese sich nicht ohne weiteres dem neuen Reichsjudenmeister unterordneten und damit eines ihrer wichtigsten Befugnisse, das Bannrecht, aus der Hand gaben. Auch darin hatte sich Ruprecht geirrt, dass er annahm, die Juden würden über die Wahl Israels froh sein, weil sie doch nunmehr von den Bedrückungen seitens der Amtleute befreit wurden. Die wohlhabenden Juden fürchteten, dass sie nun erst recht würden ausgeplündert werden, da sie die egoistische Absicht des Königs erkannten[1], sich in Zukunft keinen Pfennig von den Steuern und Bussgeldern entgehen zu lassen.

So kam es denn, wie Ruprecht, wenn er von Israel über die jüdischen Verhältnisse aufgeklärt worden wäre, sich hätte voraussagen können. Als Israel kraft seines Amtes sich in Nürnberger Verhältnisse einmischte, verweigerte man ihm nicht nur den Gehorsam, sondern verklagte ihn auch, da er den Kgl. Majestätsbrief bekannt machte[2], bei einigen auswärtigen[3] Rabbinern[4], dass er 'uber die Judischeit gesprongen si[5] und unser *(des Königs)* forchte an alle wolhabende

habe und das Amt nicht habe ablehnen können, ist nicht annehmbar. Israel hat 'bi sinen truwen gelobt und gesworn', die ihm übertragene Aufgabe in allen Punkten 'nach sinem besten vermögen' auszuführen. Vgl. S. XLVIII.

[1] Keineswegs hat Ruprecht seine 'eigentlichen Zwecke verdeckt' Stobbe S. 148. Klar und deutlich heisst es gleich beim Beginn der Dispositio: 'Dorumbe zu furkommen soliche vorgeschrieben gebrechen *(Bedrückungen durch die Amtleute etc.)* und besunder soliche vorgeschrieben unser und des richs und der egenanten kurfürsten, fürsten, herren und stette rechte, die wir und ein iglicher oder iglich an Juden oder Judinn von rechts wegen haben. zu hanthaben und furbasser zu stercken'.

[2] 'nach des vorgenanten unsers majestatbrief verkundunge'. Aus dem Umstande, dass die Urk. vom 3. Mai in der vom 23. Nov. inseriert ist, schliesst Güdemann Monatsschrift 1864, 107 Anm. 7, dass die Urk. vom 3. Mai nur in Israels Hände gelangte und erst am 23. Nov. in die Öffentlichkeit kam! Der Bann über Israel sei auf die blosse Kunde von dessen erfolgter Ernennung verhängt worden oder, was wahrscheinlicher sei, Israel habe die ganze Nürnberger Exkommunikation beim Könige nur fingiert, um von seinem Amte durch den König entbunden zu werden Gesch. d. Erziehungswesens 3, 38 !

[3] In Nürnberg gab es damals keinen anerkannten Rabbiner.

[4] Falsch ist die Darstellung bei Graetz VIII³, 103, nach der die Rabbiner die Initiative ergriffen und Israel bei den Gemeinden verdächtigten.

[5] d. h. das Amt ohne vorheriges Einverständnis der jüdischen Gemeinden angenommen habe. Mit Unrecht wird diese durch die Thatsachen gerechtfertigte Anklage von Ruprecht als erdichtet bezeichnet. Das Vergehen Israels

4*

Juden geworfen habe, das er die meine zu beschetzen und in ir gelte abezugewinnen'. *Die Folge hiervon war, dass Israel, der vom Könige bestellt war, über andere den Bann zu verhängen, selbst dem Banne verfiel. Als wenn die Befehle des Königs nicht existierten, wurden in der Synagoge zu Nürnberg die Bannbriefe öffentlich bekannt gemacht.*[1] *Natürlich konnte Ruprecht diese Beleidigung der Kgl. Majestät nicht ruhig hinnehmen und kam seinem Reichsjudenmeister zu Hilfe. Durch einen neuen Majestätsbrief*[2] *von 1407 Nov. 23 vernichtete er den über Israel verhängten Bann und bestrafte alle diejenigen Rabbiner und Juden, die trotz Kenntnis des früheren Majestätsbriefes den Bann über Israel* 'zubracht, getan, geschrieben und gelesen oder bann gehalden' *hatten, mit des Königs und des Reichs schwerer Ungnade. Dieselbe Strafe und dazu eine Geldbusse von 20 Pfd. Gold drohte er allen denen an, die noch weiter den Israel nicht als obersten Hochmeister anerkennen oder als gebannt meiden würden. Sie sollten* 'an keine andere Judische hohmeistere, si sin in tutschen oder welschen landen gesessen, keinerlei judische rechten[3] furbaß mere suchen oder von in gemeinlich oder sunderlich ufnemen; ez si mit worten oder mit werken ane allein von dem egenanten Israhel'.[4] *Beschwerden gegen Israel sollten vor den Kgl. Kammermeister gebracht werden.*

In Nürnberg war der Leiter des Widerstandes gegen Israel dessen früherer Rivale Coppelmann gewesen. Diesem hatten sich seine einflussreiche Mutter Secklin und seine Schwester angeschlossen. Nunmehr mussten sich die Drei von der über sie verhängten Ungnade

wurde durchaus nicht durch den Umstand entschuldigt, dass ihm Ruprecht das Amt 'weder durch siner noch nimantz anders bete' übertrug.

[1] 'und haben damit zubracht, das solich Judisch hohmeister denselben Israhel darumb bennig verkundet und dez ire banbriefe uber in gesant haben; soliche banbriefe dan furbas von Juden zu Nuremberg und villicht anderswo offenlich gelesen sin'. Der Bann ist also keineswegs nur angedroht (Graetz a. a. O.), sondern auch thatsächlich verhängt worden.

[2] Gedruckt in Ztschr. f. d. Gesch. d. Oberrheins ed. Mone 9, 280-282. Unvollständiger Extrakt: Chmel nr. 2416 (Wiener 65-66 nr. 80).

[3] Selbstverständlich nur so weit, als es sich um 'unredelich sache' S. 45₁₇ handelte. Vgl. S. XLVIII-XLIX. Von einer Ernennung Israels zum alleinigen Rabbiner und Richter der deutschen Juden kann keine Rede sein. Die Absurdität, an ein solches Amt gedacht zu haben, darf man Ruprecht, selbst wenn man bei ihm eine völlige Unkenntnis des judischen Lebens vor aussetzt, nicht zutrauen.

[4] Dieser Zusatz Ruprechts war notwendig, weil in der Urk. vom 3. Mai nicht deutlich ausgesprochen war, dass Israel für die betreffenden Fälle die alleinige Gerichtsbarkeit haben sollte.

des Königs durch Zahlung einer Geldsumme befreien.[1] *Auch der Regensburger Jude Sussmann hatte sich wegen des gleichen Ungehorsams gegen den Kgl. Majestatsbrief mit dem Könige abzufinden.*[2] *Die Streitigkeiten zwischen Israel und Coppelmann fanden ausserdem noch eine besondere Regelung. Eine Kommission, bestehend aus dem Kgl. Hofmeister Grafen Friedrich zu Ottingen, dem Amberger Vitztum Gewolf vom Degenberg und dem Kgl. Hofschreiber Johann Kirchheim, begab sich im Auftrage Ruprechts nach Nürnberg, um den Frieden zwischen den beiden Parteien wiederherzustellen. Welcher Art die Abmachungen waren, wird nicht genauer berichtet. Die Kommission meldete dem König, dass sie die 'stosse, zweitracht und handelunge*[3]

[1] Urk. nr. 61 von 1408 März 2. Am 5. Dez. 1407 verbürgten sich vor den Nürnberger Bürgermeistern die Jüdin Secklin, sowie die Juden Isak, Vischlein und Veifs für Coppelmann auf 2000 Gld.: Stern, Isr. Bevölkerung 3, 286 287 art. 19.

[2] Urk. nr. 62. Dass es sich mit dem 'frevel wider unser majestat gebotde' (S. 48₂₀, vgl. S. 47₃₈ und S. 48₃) um Ungehorsam gegen die Urk. vom 3. Mai handelte, zeigt die Übereinstimmung zwischen den nrr. 61 u. 62, die unter Zugrundelegung eines gleichen Formulars an ein und demselben Tage ausgestellt wurden. Man wird daher auch als wahrscheinlich annehmen können, dass der 'jüdische Bann', wegen dessen Sussmanns Schwiegervater, der Jude Vyvel, dem Könige verfiel, von Israel ausging und dieser mit dem Judenmeister gemeint ist, von dem Gemeiner spricht weiter S. 48 Anm. 3). In Nürnberg sowohl wie in Regensburg und andern Städten werden die Schuldigen auf Vermittlung des Rats oder eines andern Fürsprechers 'miltiklich begnadet' und ihrer Verpflichtung ledig erklärt. Unter dieser Begnadigung ist nicht ein Erlass der Strafe, eigentlich war ja das ganze Vermögen verfallen siehe S. XXXVI art. 1a und S. XLII — sondern nur eine Herabminderung zu verstehen. Deutlich beweist dies der Brief Ruprechts an Regensburg 1408 Febr. 1, in welchem der König die an ihn gestellte Forderung, ganz zu verzichten und der Stadt den Judenbann zu verschreiben, zurückweist und sich mit der Zahlung von 500 Gld. zufrieden erklärt S. 49 Anm. 1. Chmel S. 152 hat die Darstellung bei Gemeiner verwirrt genannt, doch ist diese nach dem nunmehr vorliegenden Material wohl verständlich. Nur die Einkünfte von dem seitens des städtischen Gerichts verhängten sogenannten Bann besass die Stadt mit dem Herzog gemeinsam oben S. XLIV Anm. 3, dagegen nicht den Ertrag des von den Rabbinern geschleuderten Bannes. Solches 'des heiligen Reichs Recht und alt! Herkommen von des Jüdischen Bannes wegen', sagt Ruprecht in seinem Schreiben vom 1. Febr., sei bisher von keinem Kaiser oder König irgend einem Churfürsten, Herrn oder einer Stadt verschrieben worden.

[3] Israel hatte den ungehorsamen Coppelmann in den Bann gethan. Siehe S. 47₃₇ 'von des Judischen bannes ..... wegen'. Vgl. S. 48₂₇.

verrichtet, verteidingt[1] und abgetragen *habe und dass Israels 'zu-spruche, clage, forderunge und mutunge' gegen Coppelmann, sowie gegen dessen Mutter und Schwester erledigt seien.* Indem Ruprecht *1408 April 16 die Regelung der Kommission anerkannte und Coppelmann nebst Anhang wieder in Gnaden aufnahm*[2]*, erklärte er gleichzeitig, dass die Kgl. Majestätsbriefe betreffs Israels 'bi allen iren creften und meinungen' gehalten werden sollten.*

Die Bestrafung derer, welche an Israels Bannung beteiligt waren[3], und die Beilegung des Israel-Coppelmannschen Streites sind die einzigen Resultate, die Ruprecht mit seinem Einschreiten erzielte. Im übrigen blieb der Majestätsbrief von 1407 Nov. 23 ebenso wie der frühere von Mai 3 ohne Wirkung. Daran änderte auch die 1408 April 16 erfolgte Bekräftigung[4] der beiden Majestätsbriefe nicht das Geringste. Der König konnte zwar den über Israel verhängten Bann aufheben, aber die Juden trotz der hohen angedrohten Geldstrafe nicht zwingen, alle ihre Strafsachen einzig und allein vor Israel zur Entscheidung zu bringen. Ebensowenig liessen sich die Rabbiner zurückhalten, nach wie vor von ihrem Bannrecht Gebrauch zu machen. Unsere Urk. nr. 65 von 1408 Sept. 20 legt hierfür Zeugnis ab. Valk von Nördlingen und andere Juden waren wegen einer Streitsache von ihren Gegnern Seligmann und Salmann von Öttingen vor 'etliche Judenmeister' geladen worden, und letztere hatten kein Bedenken getragen, Forderungen an Valk zu erheben und ihn wie seine Genossen mit dem Banne zu bedrohen. Als die Verklagten sich beim König beschwerten, hob dieser den etwa über Valk und Genossen verhängten Bann auf und

---

[1] Jedenfalls geht hieraus und aus dem später folgenden 'miltiklich begnadet' hervor, dass Coppelmann auch seinen Widerstand gegen Israel mit einer Geldbusse sühnen musste. Weiteren Aufschluss gewähren die Nürnberger Ratsbücher. Vor dem 14. März versprachen Coppelmann sowie seine Mutter und Schwester 'the 1000 guldein' 14 Tage vor Walpurgis, also etwa 15. April, zu zahlen: Stern, Isr. Bevölkerung 3, 287 art. 20. Die Ausstellung unserer Urk. nr. 63 vom 16. April, also am Tage nach dem festgesetzten Termine, zeigt, dass die versprochene Summe auch wirklich gezahlt worden ist. Die verbürgten 2000 Gld. siehe S. LIII Anm. 1 dürften in zwei Hälften je vor dem 2. März und 16. April zur Auszahlung gelangt sein.

[2] Coppelmann gab bereits am 29. Aug. sein Bürgerrecht auf Isr. Bevölkerug 3, 51 und zog nach Augsburg. Im dortigen Steuerbuch des Jahres 1409 Augsburger Stadtarchiv begegnet er uns als 'Koppelman maister' mit der höchsten Steuersumme von 12 Gld.

[3] Über die Bestrafung der bannenden Rabbiner, wenn überhaupt eine solche der Androhung entsprechend stattgefunden hat, fehlt es uns an Nachrichten. [4] In der Klausel am Schlusse der Urk. nr. 63.

*überwies die Entscheidung des Streites an seinen Judenmeister Israel, der
gleichzeitig entsprechenden Auftrag erhielt. Die Aufhebung des Bannes
geschah nicht etwa, weil die betreffenden Rabbiner kein Recht zur Bannung
hatten, sondern weil der Nördlinger Rat bezeugte, dass dem Valk und seinen
Genossen Unrecht geschehen sei, und weil die Verklagten sich bereit erklärten,
den Richterspruch des Kgl. Judenmeisters Israel annehmen zu wollen.*

*Der Widerstand, den Israels Amt und Person bei seinen Glaubens-
genossen fand, scheint den König Anfang Oktober 1408 veranlasst zu haben,
seinen Judenmeister überhaupt zu entlassen*[1] *und für die Einziehung der
Bussgelder sich wie früher der Amtleute zu bedienen. Wie aus der Urk.
nr. 67 ersichtlich ist, wurde der Nürnberger Jude Judel 1408 Okt. 29
wieder vom Könige in Gnaden aufgenommen, nachdem er wegen seiner
'bruche und benne' mit des Königs dazu beorderten Amtleuten über die
Höhe des Strafgeldes sich geeinigt und dieses gezahlt hatte. Wäre Israel
damals noch im Amte gewesen, so würde er in der Nachbargemeinde Nürn-
berg die Festsetzung und Einkassierung der Busse sicherlich nicht versäumt
haben. Auch in Nördlingen sind kurz vorher andere Bevollmächtigte*[2] *als
Israel zu gleichen Unterhandlungen mit dem dortigen Juden Mosse beauftragt.*

*War somit auch der mit der Ernennung Israels gemachte Versuch
in dem von Ruprecht geplanten Umfange missglückt, so konnte Ruprecht
doch mit der Ausbeute, die ihm während seiner Regierung die Bussgelder
brachten, zufrieden sein. Keine andere von den Juden erhobene Abgabe
hat ihm solchen reichen Ertrag geliefert. 2000 Gld. erhielt er von drei
Frankfurter Juden*[3] *die mit geachteten Glaubensgenossen verkehrt haben*[1]

[1] Israel begegnet uns später noch zweimal: 1410 Apr. 19 thut Ruprecht
den Würzburger Juden Susslin 'uss dem banne, darinne in meister Israhel in
der zit, als er unser Judenmeister waz, getann hat' (Urk. nr. 75); 1415 Juni 23
ermächtigt Kg. Sigismund den Konrad von Weinsberg — für den Fall, dass
·meister Israhel Jud unser camerknecht, den wir zu eynem Judischen meister
gesetzt und unser kuniglicher Majestat briefe darüber gegeben haben, kranck
würde, von todes wegen abgieng' oder sonst verhindert wäre, — neben oder
an Stelle Israels andere Judenmeister einzusetzen (Neue Beyträge von alten
und neuen theolog. Sachen auf d. Jahr 1755, S. 592-95 nr. 3; Hansselmann,
Weiter erläut. u. verteid. Landeshoheit d. Hauses Hohenlohe 1757, Beil. S.
85-86 nr. 19; Stobbe S. 259 Anm. 139; Kerler in Ztschr. f. d. Gesch. d.
Juden in Dtschl. 3, 5-6).

[2] S. 53₃₅: 'hinder den unsern, den wir daz bevolhen hatten'.

[3] 1405 durch Vermittlung des Frankfurter Rats: Urk. nr. 23 ff. Die
ersten 1000 Gld. brachte Landvogt Hermann von Rodenstein am 19. Juli:
Urk. nr. 33 und dazu S. 25 Anm. 2. Die Bezahlung der anderen 1000 Gld.
erfolgte im August: S. 27 Anm. 2.

[4] Ebenso wurden Würzburger Juden 1406 wegen Verkehrs mit den

*sollten, 200 Gld. aus Nördlingen als Ersatz für eine Busse, die der dortige
Rat von Nördlinger Juden eingezogen hatte[1], 1000 Gld. von Coppelmann
und Genossen in Nürnberg für Widersetzlichkeit gegen Kgl. Befehle[2].
Zahlreich waren diejenigen Bussfälle[3], die aus allzulangem Verweilen im
jüdischen Banne erwuchsen. Leider ist uns hier die Höhe des gezahlten
Bussgeldes nur in zwei Fällen bekannt: 1000 Gld. von Coppelmann und
Genossen in Nürnberg[4], 500 Gld. von Vyvel in Regensburg[5]. Auch über
die Summen, die als Hälfte der seitens der Herren und Städte von den
Juden erhobenen Brüche und der aus jüdischem Vermögen bewirkten
Konfiskationen an den König eingingen, sind wir nur in zwei Fällen
orientirt: 7000 Gld. von Graf Simon zu Sponheim wegen des Juden Got-
schalk in Kreuznach[6], 1333 Gld. von der Stadt Lindau wegen des dortigen
Juden Samuel[7]. Doch zeigen schon diese beiden Summen zur Genüge,*

gebannten Seligmann und Wölflin verfolgt. Gerichtsverfahren und Strafgeld
überliess hier Ruprecht dem Würzburger Bischof: S. 35 Anm. 2.

[1] Während das ganze betr. Strafgeld dem Könige gehörte. In der
Quittung 1404 Febr. 28 (S. 52 Anm. 1) ist die Höhe der aus Nördlingen
empfangenen Summe nicht notiert, wohl aber in der Eingangsnotiz der Kgl.
Kämmereirechnung 1404 Febr. 29: RTA 6, 761 art. 140.

[2] 1408 März 2: Urk. nr. 61. Vgl. S. LIII-LIV. Für das gleiche Ver-
gehen mussten auch 1405 die Dortmunder Juden (S. XXXIII) und 1408 der
Regensburger Jude Sussmann Busse zahlen (Urk. nr. 62). Betreffs des Mosse
von Nördlingen ist in nr. 66 der Grund der ersten Kgl. Ungnade nicht an-
gegeben. Ebensowenig wissen wir, warum die Juden, mit denen verkehrt zu
haben die Frankfurter Juden bezichtigt wurden, gebannt worden sind. Dennoch
ist an einer Busszahlung auch im letzteren Falle nicht zu zweifeln.

[3] 1405: David von Butzbach (Urk. nr. 29), 1406: Seligmann von Mer-
gentheim (Urk. nr. 44), 1408: Liepmann und Myngin von Köln (Urk. nr. 64),
Judel von Nürnberg (Urk. nr. 67, 1410: Susslin von Würzburg (Urk. nr. 75).
Auch der Jude Wölflin (S. 35 Anm. 2) wird sich 1406 aus seinem Judenbanne
haben lösen müssen. Gleichfalls gehört hierher der halbe Anteil, den Ruprecht
1406 von dem Würzburger Juden Lewe Colner aus dem Prozesse mit Senfte
von Heidingsfeld empfing (Urk. nr. 43).

[4] 1408 April 16: Urk. nr. 63. Vgl. S. LIII-LIV.

[5] 1408 März 2: Urk. nr. 62. Vgl. S. 49 Anm. 1 und S. LIII Anm. 2.

[6] Erwähnt in den Klageartikeln des Mainzer Erzbischofs 1406 Jan. 8 9:
RTA 6, 28 art. 16. Der Fall scheint sich 1404 ereignet zu haben und damit
die 1404 März 7 aus Bacharach bei der Kgl. Kammer eingegangene Zahlung
von 613 Gld. 'von Gotschalk dez Juden wegen'. RTA 6, 762 art. 141 im Zusammen-
hang zu stehen. Weizsäcker, a. a. O. Anm. 1, bezieht die 613 Gld. auf den kurz
vorher 1404 März 4 für Gotschalk ausgestellten Schutzbrief, doch ist für diesen
die genannte Summe viel zu hoch. Die Aufnahme kostete in der Regel nicht
mehr als 100 Gld.: siehe darüber oben S. XXIII.

[7] 1408 April 4 versprechen Bürgermeister, Rat und alle Bürger der

welche grossen Beträge allein aus der Teilung mit Herren und Städten dem Könige zugegangen sein müssen. Rechnet man zu allem bisher Aufgezahlten[1] noch die Bussgeldererhebung durch Elias und Isak 1402-1404, durch den Amtmann Hartung von Egloffstein[2] 1406-1407 und den Reichsjudenmeister Israel 1407-1408 hinzu, so werden wir nicht fehl gehen, wenn wir die von Ruprecht während seiner ganzen Regierungszeit eingenommenen Bussgelder auf mindestens 20 30000 Gld. schätzen.

Trotz seiner politischen Ohnmacht hat es also Ruprecht wohl verstanden, erheblichen Nutzen von den Juden des Reichs zu ziehen.[3] Dass er darüber hinaus von einer umfassenderen Ausplünderung Abstand nahm, ist nicht sein Verdienst, sondern eine Folge der ihm von den Fürsten und Städten gezogenen Schranken. Dessenungeachtet haben die Juden sein Andenken schwerlich gesegnet. Die aus der Pfalz Vertriebenen hatten gewiss keinen Grund dazu. Aber auch ebenso wenig die Juden des Reichs. Der von dem König versprochene Schutz war bei dem kleinen Machtbereich Ruprechts so gut wie wertlos. Alle

Reichsstadt Lindau von des beschaiden Sanvels dez Juden wegen, den man nempt den rychen Sanvel, der bi uns zu Lindow sesshaft ist, von Guten siner elichen husfrowen und von ir beider kinder wegen' an Kg. Ruprecht oder dessen Bevollmächtigten 1300 rhein. Gld., und zwar 650 Gld. nächsten Pfingsten Juni 3), 650 Gld. nächsten St. Gallentag (Okt. 16 in Lindau zu zahlen: or. membr. c. sig. pend. im Münchener Reichsarchiv, Gruppe Reichsstadt Lindau; falsches Regest in Reg. boica 12, 7 (Wiener 164 nr. 427. Die zu zahlende Summe muss in einer zweiten Vereinbarung auf 1333 Gld. und als zweiter Termin der Michelstag Sept. 29 festgesetzt worden sein, denn 1408 Juni 6 Heidelberg befiehlt Kg. Ruprecht dem Bürgermeister, dem Rate und den Bürgern zu Lindau, von den wegen Sanvels halb auf Pfingsten, halb auf Michaelis versprochenen 1333 Gld. die am Pfingsten fällig gewesene erste Hälfte im Betrage von 666 $\frac{1}{2}$ Gld. 2 $\frac{1}{2}$ Schill. an den Kgl. Hofmeister Grafen Friedrich zu Öttingen auszurichten: Ad mandatum domini regis Johannes Winheim, or. chart. c. sig. in verso impr. im Münchener Reichsarchiv, Reichsstadt Lindau; Reg. boica 12, 13 (Wiener 67 nr. 86).

[1] Die 7 Fälle mit bestimmten Summen ergeben 13033 Gld., dazu die S. LVI Anm. 2-3 erwähnten 11 Fälle, bei denen die Höhe des Bussgeldes nicht angegeben ist, zu nur je 500 Gld. gerechnet: 5500 Gld; in Summa schon 18533 Gld. [2] Urk. nr. 45.

[3] Dass Ruprecht den Juden schwer verschuldet war, ist eine durch nichts begründete Erfindung Nüblings, Die Judengemeinden des Mittelalters, S. 444. Die einzige Nachricht von einer Schuldkontrahierung bei Juden ist die Notiz der Kämmereirechnung 1403 Febr. 22 (RTA 5, 388 nr. 32, nach der 1000 Gld. von den Nürnberger Juden für versetztes Silbergeschirr des Königs eingingen. Aber was will diese eine Verpfändung neben den zahlreichen bei Christen gemachten Schulden besagen?

die für teures Geld erteilten Privilegien bewahrten die Juden nicht vor den üblichen Bedrückungen und Verfolgungen.

Es verrät Unkenntnis der Quellennachrichten, wenn behauptet wird[1], dass die Juden unter der Regierung Ruprechts die glücklichsten Tage während des ganzen Mittelalters verlebten. Neben Ausplünderungen und Vertreibungen hat es weder an Judenbranden noch Judenschlachten, weder an Blutbeschuldigungs- noch Hostienpeinigungsprozessen in den Jahren 1400-1410 gefehlt.[2] In Diessenhofen musste 1401 ein Jude als Opfer der Blutbeschuldigung den Scheiterhaufen besteigen. Da diese eine vermeintliche Sühne nicht genügte, wurden infolge der Anklage, am Diessenhofener Verbrechen teil genommen zu haben, auch alle Juden in Schaffhausen und Winterthur, zusammen 57 Personen, nach grausamer Folterung verbrannt. Aus gleichem Grunde wurden die Juden in Zürich und Freiburg im Breisgau gefangen genommen, geplündert und aus letzterer Stadt auf ewig verwiesen. 1409 wiederholte sich das Schauspiel in Münnerstadt; auch dort erlitt ein Jude, der Ermordung eines Christenkindes angeklagt, den Flammentod.[3] Eines gleichen Verbrechens wurden 1409 die Wormser Juden beschuldigt. Wenngleich sie durch Urteil des Rats freigesprochen wurden, so mussten sie doch einen bedeutenden Teil ihres Vermögens einbüssen.[4] Die Vertreibung aus Freiburg erhielt 1405 in Speyer eine Nachfolge.[5] In Schlesien, wo Ruprecht allerdings nicht anerkannt war, aber selbst, wenn dies der Fall gewesen wäre, nicht eingegriffen hätte, wurden 1401 zwei Glogauer Juden unter der Anklage, Hostien gepeinigt zu haben, verbrannt. Wie hier mit einem Scheiterhaufen die Ruprechtsche Zeit begann, so endigte sie 1410 mit einem blutigen Judenschlachten in Striegau: über 73 erschlagene Juden bedeckten dort die Wahlstatt.

---

[1] Wiener, Reg. S. 73. Derselbe in Mtsschr. f. Gesch. u. Wiss. d. Judentums 1863, 421. Schon vorher spricht Kayserling in der erwähnten Mtsschr. 1860, 286 von der Sonne des Glücks, die den Juden unter Ruprecht leuchtete.

[2] Siehe zu dem Folgenden die Quellencitate bei Stobbe S. 288-289.

[3] Siehe die Eintragungen der Frankfurter Stadtrechenbücher bei Kriegk, Frankfurter Bürgerzwiste S. 543-44.

[4] Boos, Quellen z. Gesch. d. Stadt Worms 3, 277-78.

[5] In Nördlingen fand 1401 keine Judenverfolgung statt, wie Stobbe irrtümlich auf Grund der Urk. Ruprechts 1401 Aug. 19 (Chmel nr. 868, Wiener 56 nr. 23 annimmt. Die betr. Urk. ist eine Wiederholung der Urk. Wenzels 1385 März 21 (im Nördlinger Stadtarchiv) und bezieht sich auf die Nördlinger Judenschlacht von 1384.

1. *K. Ruprecht befiehlt allen Juden des Reichs, den am vergangenen St. Jakobstag fällig gewesenen goldenen Pfennig an die bestellten Einnehmer Elias von Weinheim und Isaac von Oppenheim zu zahlen. 1400 [vor Okt. 26] Feld vor Frankfurt.*

Aus Karlsruhe, Landesarchiv: Pfälz. Copialbuch 467,7ᵛ. — Ibid. Copialbuch 5 548,8 mit der Überschrift 'Wie min herre Elyan und Ysaac einen geheissbrief an die Juden geben hat von des gulden phennigs wegen'. — Reg. RTA 4,143.

Wir Rüprecht etc. heissen und gebieten mit disem unserm offen briefe allen unsern und des richs Jûden gemeinlich und sünder- 10 lich: daz sie iren zins, den man heisset den gûlden pfening, der of sant Jacobs tage nehst vergangen erschienen und gevallen was und in unser kamer gehoret und dienen sal, Eliann von Winheim, hinder unserm oheim von Mentze gesessen, und Isack von Oppinheim unsern Jûden ane fürzog entwertent, wann wir denselben Elian und 15 Isack unsern Jûden befolhen und darzü gesatzt han, uns denselben zins den gülden phenning von ûch allen ofzüheben und inzünemen und fürbaz zü geben und damit zü dûn, als wir sie geheissen und bescheiden han, biz of unser wiederrüffen. Und daz ir uns kein hindernisse odir irrûnge darin tragent odir machent, als liep ûch 20 unser gnade und hülde si. Orkund etc. in campis prope Franckefordiam anno domini M°CCCC^mo.

2. *K. Ruprecht an Kurfürsten, Fürsten, Zöllner und Diener: Geleitsbrief für Elias von Weinheim und Isaac von Oppenheim, denen R. bis auf Widerruf befohlen habe, den goldenen Pfennig von allen Juden 25 des Reiches zu erheben* daz ir die obgenanten unsre Juden zollfrihe, unaufgehalten und ungehindert lassent wandeln und faren, uns denselben unsern gulden pfennig inzufordern und inzunemen. *[1400 vor Okt. 26 Feld vor Frankfurt.]*[1]

Aus Karlsruhe, Landesarchiv: Pfälz. Copialbuch 467,7ʳ Schluss durch Flecken 30 unleserlich. — Ibid. Copialbuch 149,7. — Reg. RTA 4,143.

3. *K. Ruprecht erteilt Nürnberg ein Privileg betreffs Aufnahme, Steuer und Besitz der dortigen Juden. 1401 Jan. 6 Köln.*

[1] Ausfertigung wohl gleichzeitig mit Nr. 1, siehe jedoch S. 9 Anm. 2.

1

Aus Nürnberg, Kreisarchiv: S III⁰⁵/₂r nr. IIO, A 13 or. mb. c. sig. pend., gelbes Wachssiegel an grün-gelber Seidenschnur. — Reg. Chmel nr. 63. Reg. Boica 11,193. Wiener 53-54 nr. 4 und 159·60 nr. 385.

Wir Ruprecht von gotes gnaden Romischer kunig zu allen
5 zeiten merer dez reiches bekennen und tun kunt offennli*chen* mit
disem briefe¹ allen den, die in sehen oder horen lesen: daz wir mit
wolbedachten müte und gutem rate und rechter wissen zu stünde,
als wir erste zu Römischen künige gekorn und darnach zu Colen
gekrönet waren, dem burgermeister, dem rate und der stat zu
10 Nureinberg unsern und dez reiches lieben getrewen die besundern
gnade getan haben und tun in die von Romischer küniglicher mehte
in kraft ditz brifs, *[1]* das sie alle und iegliche Juden und Judeyn,
die sich zu in zihen wollen zu den, die itzünd bey in sein, aûfnemen und
enpfahen mûgen, ob sie wollen, und die auch von unsern und dez reiches
15 wegen hanthaben, schutzen und schirmen sullen und mûgen. Und was
trostung sie denselben Juden und Judyn tun, die yetzund bey in sein oder
furbas in künfftigen zeiten zu in kûmen, tûn versprechen oder verschreiben,
dabey sullen dieselben Juden und Jûdein beleiben. Und wir nach* die
unsern sullen noch wollen dieselben Juden nach** Judin daruber niht
20 besweren, hindern nach* bekumern in dehein weyse. *[2]* Und was
dieselben von Nureinberg derselben Juden und Judin also geniessen,
das sullen sie uns in unserr künigliche kamer halbes antwurten und
geben und das ander halbteile sol werden und gevallen dem rate
..und der stat zu Nureinberg. Und wir sullen darumbe dem rate
25 zu Nureinberg gelauben on recht und on ayde. *[3]* So sol auch
ein ieglicher Jûde und Judin, die zu iren jaren kumen sein und in
der egen*anten* stat zu Nuremberg*ᵈ* wonhaftig sind oder noch daselbst
hinkûmen, uns alle jar zu einem mal einen guldein in unserr künig-
lich kamer bezalen, als sie das vormals bey andern unsern vorvaren
30 an dem reiche Romischen keysern und künigen zeiten auch getan
haben. *[4]* Und was auch die Juden und Judin erbs und eygens
yn der egen*anten* stat heten oder noch in kunfftigen zeiten da ge-
wünnen und auch die nûtze, die wir von denselben Juden haben,
sollen und wollen wir nyemand anders verschreiben noch vergeben
35 dann in unser künigliche kamer und zu unsern handen nemen.
Geschech ez aber daruber, ez wer' von vergessenheit oder sust, daz

a* c) So statt 'noch'. d) Hier so.
¹ Vgl. RTA 4, 285 art. 1f. Die gleiche Urk. Wenzels, die Weizsäcker Anm. 9 als 'nicht gefunden' bezeichnet, ist das in RTA 2 nr. 184 gedruckte
40 Privileg 1390 Sept. 16 Nürnberg.

sol dhein kraft nach[a] macht haben. *[5]* Wer' auch sach, daz ein vale von denselben Juden geschehe oder das die Jûden in derselben stat sust abgingen, was sie dann erbes und eigens in derselben stat zu Nureinberg heten, darzu sullen wir einen von unsern wegen geben und die egen*anten* purgere vom rate auch einen und dieselben *5* zwen sullen dasselb erbe oder eigen, das die Jûden also liessen, verkauffen in der jôrsfrist burgern oder burgerin in der stat zu Nureinberg und nyemand anders. Und was darauz gevellt, das sol uns halb in unserr künigliche kammer und das ander halbteil aber der stat zu Nureinberg werden und gevallen ongeverde. Und wir *10* noch die unsern sullen und wollen auch die Juden daselbste daruber an dem iren niht beswern noch bekumern in dheine weise. Und des zu urkunde und zu einer ewigen bestetigung geben wir in disen brief versigelt mit unserr küniglichen majestate insigele, geben zu Colen nach Crists gepurt virzehenhündert jar und darnach in *15* dem ersten jar auf der heiligen dreyer künige tage epiphania domini ze latein, unsers reiches in dem ersten jare.

[in verso] R. Bertholdus Dûrlach.   Ad mandatum domini regis
Nicolaus Buman.

4. *K. Ruprecht befiehlt den Juden zu Mainz, an Heinrich Mel-* *20* *becher, Landschreiber zu Alzey, 550 Gld. zu zahlen* an den eilfhundert gulden, als ir mit unsern frunden uberkomen sind uns zu geben[1] *und quittiert ihnen über die 550 Gld.* Und also hant ir uns dan die ob-*genannten* eilfhundert gulden mit den vierhundert gulden, die unsern frunden zu Collen von uwerr wegen geben worden, und mit den *25* anderhalbhundert gulden, die wir uch geheisen[b] han unsern Juden und kamerknechten zu Franckf*urd* zu geben, ganze bezalet. *1401 Jan. 24 (secunda feria ante conversionem sancti Pauli) Heidelberg.* Ad mandatum domini regis   Mathias Sobernheim.

Aus Karlsruhe, Landesarchiv: Pfälz. Copialbuch 467,29ᵛ vielfach corrigiert, *30* mit der Überschrift 'Ein quitancie, den Juden camerknechten zu Mentze fur 550 gulden, Heinrich Melbecher lantschr*iber* zu Alczeye zu geben.'

5. *K. Ruprecht giebt bis auf Widerruf dem Propst zu den Aposteln in Köln, Wilhelm Freschin, und dem Hofmeister des Erzbischofs von Köln, Schilling von Flig, den goldenen Pfennig von den Juden in Köln. 1401* *35* *Juli 4 Mainz.*

a) So. b) So.

[1] Zweifellos für das 1401 Jan. 9 Köln ausgestellte Privileg, für welches also die Mainzer Juden im ganzen 1100 Gld. in drei Teilen gezahlt haben: Chmel 192. Wiener 69-70.

Aus Karlsruhe, Landesarchiv: Pfälz. Copialbuch 467,36[r] mit der Überschrift 'Als min herre hern Wilhelm probst zu den aposteln zu Colle und Schilling von Flig den gulden pfenning, von den Juden zu Colle fallend, enpholhent hat ufzuheben'. — Ibid. Copialbuch 548,85. — Reg. RTA 4,433 Anm. 1.

5   Wir Ruprecht etc. bekennen offenlichen mit diesem briefe: daz wir han angesehen manigfeltige dinste, die uns unser lieben getruwen Wilhelm Freschin probst zu den apposteln zu Colne und Schilling von Flig hofemeister dez erwirdigen Friederichs erzbischofs[a] zu Colle, unsers lieben nefen und kurfursten rete, getan haben und uns auch 10 furbaz tün mogen in kunftigen ziten, und haben in darumbe unsern guldin pfenning, der uns und dem riche von allen und ieglichen Juden, in der stat zu Colle gesessen und darinne gehoren, jerlichen fallend ist, gegeben und geben in den auch in craft diss briefs, also daz sie denselben gulden pfennig von den obgenanten unsern und dez richs 15 Juden jerlichen ufheben und innemen sollen und mogen und auch zu iglicher zit ir quitsbriefe darfur geben biss uf unser oder unser nachkommen an dem riche wiederrüffen. Orkund diss briefs versiegelt mit unserm kuniglichen anhangendem ingesigel, datum Maguncie in die beati Udalrici confessoris anno domini millesimo quadringentesimo 20 primo, regni vero nostri anno primo.

    Ad relationem comitis Emichonis magistri curie et Johannis de Hirtzhorn: Johannes Winheim.

  6. Ludwig III. und Hans, Pfalzgrafen bei Rhein und Herzöge in Baiern, geloben ihrem Vater K. Ruprecht, keine Juden in der Pfalz und im 25 Herzogtum Baiern (Oberpfalz) dulden zu wollen. 1401 Aug. 1 Heidelberg.

Aus München, Reichsarchiv: Juden in Bayern allgem. fasc. 4 or. mb. c. 2 sig. pend., mit gleichzeitiger Notiz in verso 'Judei non inhabitent terram'. — Reg. Boica 11,219. Wiener 160 nr. 389.

  Wir Ludewig und Hans gebruder von gots genaden pfalczgraven 30 by Rine und herczogen in Beyern bekennen und dun kunt vor uns und alle unsere erben offinbare mit diesem briefe allen den, die yn ummer ansehent, lesent oder horent lesen: Wand der allerdurchluchtigiste hochgeborn furste und herre her Ruprecht von gots genaden Romischer konig zu allen zyten merer des riches unser lieber herre 35 und vatter gotlich und redelich betrachtet hat, daz mergklich schade geistlich und wertlich und maniche sundige sachen und werke davon komment und sich verlauffent von wucher und anders daz Juden und Judinnen als offentlich under den Cristen wonend, wandernt und gemeinschafft mit yn hant, und sin wisheid soliche sundige sachen und

40   a) Die Vorsilbe 'erz' in Hs. herubergeschrieben.

wercke zu vermiden geordent und geseczet hat, daz eweclich kein
Jude oder Judinnen in slossen und lande der Phalcz und herczog-
thoms obgenant wonen, sesshafftig oder blibehafftig sin sal, und herumb
han wir herczoge Ludewig und herczoge Hans obgenant vor uns
und unsere erben dem obgenanten unserm lieben herren und vatter 5
mit wol vorbedachtem můt und gutem wissen und willen geredt und
versprochen, reden und versprechen in rechten sůnlichen truwen und
by unsern furstlichen eren mit crafft diss geintwirtigen brieffes und
han auch zu den heiligen gesworn, daz wir und unsere erben samet
oder besunder in keyme unserm slosse eynichen Juden oder Judinnen 10
zu wonen, sesshafftig oder blibehafftig zu sin nůmmer emphahen, halten
oder hanthaben sollen noch wollen noch den unsern gestatten, sie
in vorgeschriebener massen zu halten und zu hanthaben, ane alle
geverde und argelist. Und des alles zu orkunde und ewiger stedikeid
hat unser yelicher sin eigen ingesiegel an diesen brieff důn hencken. 15
Geben zu Heidelberg off sant Peters tag ad vincula zu latine nach
Cristi geburte tusent vierhundert und ein jare.

7. K. *Ruprecht bestätigt*[1] *die Privilegien der Juden zu Regens-
burg, ihre Briefe sollen unverrückt gehalten werden. K. sagt sie ledig*
alles dinstes und aller forderungen, alle diwile und sie unser vettern 20
der herczogen von Beyern pfand sin ... Auch dun wir den vorgnanten
Juden die besunder gnade, daz man sie umb schult, umb gelt oder
umb schaden fur dehein gerichte usswendig der stad czu Regenspurg mit
nichten fordern oder noten sulle, dann daz man umb soliche sachen
von yn recht neme zu Regenspurg vor yren wertlichen richtern *unschädlich* 25
der gewöhnlichen Steuer an die Herzöge, denen sie verpfändet sind.
*K. gebietet dem Rat und der Gemeinde zu Regensburg, die Juden nach
Stadtrecht und alter Gewohnheit zu schirmen. 1401 Sept. 4 (suntag
fur unser frauwentag, als sie geborn wart nativitatis) Regensburg.*

Aus München, Reichsarchiv: Juden in Regensburg fasc. 26 or. mb. c. sig. 30
pend., in verso 'K. Johannes de Landauwen' und gleichzeitige Notiz 'Kung
Ruprechts bestetigung von der Juden wegen'. — Reg. Chmel. nr. 920. Reg.
Boica 11, 223. Wiener 57 nr. 27, 160-61 nr. 392.

[1] Über unsere Urk. und die von den Regensburger Juden gezahlten Gelder:
RTA 5,47 art. 7 Schluss 'Item so hat der kunig den Juden zu Regenspurg iren 35
brif und ire recht vernewet. Darumb mussten si dem kunig und kunigin geben
sibenhundert guldein und den chanzlarn 60 guldein, und ist gar ein chlainer brif,
und ich must in dannoch selb machen und allen zewg darzu geben'. Unter den
700 Gld. waren 200 für die Privilegienbestätigung RTA 5,214 art. 18 'item hat
er ingenomen eodem die [*1401 Sept. 4*] von den Juden zu Regenspurg 200 40

8. *K. Ruprecht kommt mit Elias von Weinheim und Isaac von Oppenheim überein, dass sie bis auf Widerruf den goldenen Pfennig und die fälligen Bussgelder von allen Juden des Reichs erheben und darüber Rechnung ablegen; die beiden sollen die Commission auf eigene Kosten* 5 *ausführen und dafür ein Viertel der Einnahme erhalten.* 1402 *August* 17 *Heidelberg.*

Aus Karlsruhe, Landesarchiv: Pfälz. Copialbuch 467,52[r] mit der Überschrift 'Daz die Juden frevel von den Juden ingewinnen sollen of iren kosten, davon sal in daz vierdeteil fallen'. — Ibid. Copialbuch 548, 42. — Reg.
10 RTA 6, 169, 831.

Wir Ruprecht etc. bekennen offenbar mit diesem briefe: daz wir mit Elya von Winheim, hinder unserm oheim von Mencze gesessen, und Isack von Oppenheim unsern Juden und kamerknechten uberkommen sin, das sie uns von allen und iglichen unsern und dez heiligen 15 richs Juden, wo oder hinder weme sie dann gesessen sin, unsern gulden pfennig infordern und ingewinnen und uns den auch furbaz verrechen sollen. Waz auch frevele und brüche von Juden geschcen, die man uns als eime Romischen kunige bessern sal, da sollent sie[a] nach erfaren[b] und von unsern wegen darumbe tedingen[1]; und sollent 20 daz allez tun uf iren kosten. Und waz uns von den obgenanten sachen beide von unserm *gulden pfennig[c] und solichen freveln und bussen gefellet, daz sie uns dann auch allez uf iren kosten innefordern und ingewinnen sollen, davon sollen und wollen wir in das vierdeteil

a) Folgt gestrichen 'auch'. b) Copialbuch 548 'herfaren'. c) Hs. 'pfennig gulden'
25 durch Zeichen umgestellt.

guldin) und 500 Gld. als Geschenk für den König und die Königin (art. 18 l. c. 'nota: die Juden schankten 500 guldin'). So verstehe ich den Zusammenhang, während Weizsäcker RTA 5,47 Anm. 8 an den König 500 Gld. und an die Königin 200 Gld. geben lässt.
30 [1] Richterliche Befugnisse (RTA 6,170₆) waren hiermit nicht verbunden. Elias und Isaac waren nur Steuerboten und hatten als solche lediglich den Opfergulden und die fällig gewordenen Bussgelder einzufordern. Letztere werden von unserer Urk. (siehe auch nr. 9 art. 2) als Strafgelder charakterisiert, die von den Juden an den König für Vergehungen zu entrichten waren. Ausführlich sind diese
35 Straffälle von Karl IV. in seiner an den Erzbischof Baldewin von Trier gerichteten Urk. 1348 Sept. 9 Prag (Dominicus, Baldewin von Lützelburg 492·3) aufgezählt. Das Urteil über die Vergehungen stand keineswegs den beiden Steuerboten zu, sondern dem König oder den Rabbinern und den jüdischen oder christlichen Gerichten. Sei es nun, dass die Bussgelder an letztere schon gezahlt oder noch zu zahlen waren, in beiden
40 Fällen hatten Elias und Isaac wegen der Aushändigung des Geldes zu unterhandeln und sich über eine bestimmte Summe mit den Juden oder mit der Stadt zu einigen. Über eine Erweiterung der den Beiden gegebenen Vollmacht: S. 7 Anm. 1.

fallen lassen biss uf unser widerruffen. Orkund diss briefs versiegelt mit unserm ufgetrucktem ingesigel, datum Heidelberg quinta feria post festum assumpcionis beate Marie virginis gloriose anno domini mille-simo quadringentesimo secundo, regni vero nostri anno secundo.

Ad mandatum domini regis　s
Johannes Winheim.

9. K. Ruprecht verkündet, dass er Elias von Weinheim und Isaac von Oppenheim bis auf Widerruf beauftragt habe, den goldenen Pfennig und die fälligen Bussgelder von allen Juden des Reiches zu erheben, und befiehlt den Juden, den Forderungen der Beiden nachzukommen; Straf- 10 **androhung. 1402 Aug. 17 Heidelberg.**

Aus Karlsruhe, Landesarchiv: Pfälz. Copialbuch 467,51ᵛ mit der Überschrift 'Als min herre den Juden Elya von Winheim und Isaack von Oppenheim bevolhen hat, den gulden pfennig inzunemen'. — Ibid. Copialbuch 548, 40-41. — Erw. Mone in Ztschr. f. d. Gesch. d. Oberrheins 9,279. RTA 6,169,831. 15

Wir Ruprecht etc. lassen alle und igliche unser und dez heiligen richs kurfursten, fursten, graven, herren, ritter, knechte, gemeinschefte der stetde und sust alle andere unser und des heiligen richs undertanen und getruwen wissen: *[1]* das wir Elya von Winheim, hinder unserm oheim von Mentze gesessen, und] Isaack 20 von Oppenheim unsern kamerknechten bevolhen haben und bevelhen in auch in craft diss briefs[a], unsern gulden pfennig von allen unsern und dez heiligen richs Jûden, sie sin hindern unsern kurfursten oder andern fursten, graven, herren, stetten, rittern oder knechten gesessen in stedten, merkten oder dorffern, von unsern wegen und an unser 25 stat inzufordern und innezûnemen und uns dann auch furbass reche-nunge davon zu dûn. *[2]* Wir han auch den obgenanten unsern Juden Elyan und Isac bevolhen und in unser gewalt geben, was gebrechen oder frevels under den Juden oder under Cristen[1] und Juden mit ein-

---

a) In Hs. hier ein Verweisungszeichen, dass sich auf die Nachschrift 'Item in der 30 forme etc.' bezieht.

[1] Die Verabredung in nr. 8 erstreckt sich nur auf Vergehungen der Juden. Hier ist die Vollmacht auch auf Vergehungen ausgedehnt, die von Christen gegen Juden begangen werden. Letztere sind mit Leib und Gut des Königs Eigentum, jede Schädigung derselben muss daher dem Könige 'gebessert' werden. Unsere 35 Stelle 'under den Juden oder under Cristen und Juden mit einander' dahin zu interpretieren, dass es sich nur um Frevel der Juden unter einander oder gegen Christen handelt, scheint mir schon durch die Wortfolge ausgeschlossen zu sein. Jeden-falls war der Auftrag zur Erhebung der von Christen fälligen Strafgelder neben-sächlicher Natur. Im Wesentlichen richtete sich die Commission gegen die Juden, nur 40 von diesen ist im art. 3 die Rede. In nr. 10 sind die Strafgelder überhaupt nicht erwähnt.

ander bissher geschcen ist oder furbass geschcen wirdet, darumbe
uns als eim Romischen kunige billich besserunge gescheen sal, daz
sie daz allez auch von unsern wegen sollen und mögen fordern und
dedinge darumbe ufnemen von unsern wegen und an unser stat, doch
5 allez biss uf unser wiederruffen. *[3]* Und herumbe so heissen und
gebieten wir allen und ieglichen unsern und dez heiligen richs Juden,
sie sin gesessen hindern unsern kurfursten oder andern unsern und
dez heiligen richs fursten, graven, herren, rittern und knechten und
auch in allen frien und unsern und dez heiligen richs stetden, den
10 dieser geinwertige unser brief furkummet, daz sie den obgenant*en*
unsern kamerknechten Elya und Isack alle jare jerlichen von unsern
wegen und an unser stat den gulden pfennig antwerten und bezalen
und in auch in allen sachen alz obgeschr*iben* stet, die sie dann von
unsern wegen an sie fordern werdent, gehorsam sin, als ob wir
15 soliche forderunge selber an sie deten. *[4]* Wir wollen und setzen
auch von Romischer kuniglicher mechte: ob daz were, daz etliche
Juden *und Judinn[a] weren, einer oder mere, die den gulden
pfennig nit geben und sich darwieder setzen wolten, daz dann die
andern Juden alle[1], die in[b] denselben frithoff gehören, mit denselben
20 allen kein gemeinschaft haben sollen in allen sachen als Judische
recht ist ; und welicher dez nit dete, der sol in unsere und dez
heiligen richs swere ungnade verfallen sin. Mit urkunde diss briefs
vers*igelt* mit unserm kunigl*ichen* anhangenden inges*igel,* geben zu
Heidelberg uf den nehsten dunrstag nach unser frauwentag, alz sie
25 zu himmel fure, assumpcio zu latin, nach Christi geburte vierzehen-
hundert und zwei jare, unsers richs in dem andern jare.

Ad mandatum domini regis
Joh*annes* Winheim.

a) In Hs. am Rande eingefügt. b) Zwei vertikal liegende Punkte über i nicht berück-
30 sichtigt.

[1] Die Juden der Nachbargemeinden, die keinen eigenen Beerdigungsplatz
für ihre Toten besassen und sich daher der grösseren Gemeinde anschlossen. Der
Friedhof der letzteren wurde somit Zentralfriedhof. Diese Gliederung um bestimmte
grössere Gemeinden ergab sich von selbst und wurde nicht erst durch die Könige
35 bewirkt. Wiener S. 77 irrt daher, wenn er auf Grund unserer Stelle Ruprecht die
Einteilung der deutschen Juden in Friedhofsbezirke zuschreibt. Vgl. auch in Urk.
Wenzels 1391 Apr. 22 Betlern 'unsern camerknechten gesessen in den steten Colne,
Meintz und Würmes, Speyer und Frankenfurt und allen andern Juden in andern
steten und merkten gesessen, die in die vreythöfe gehoren, die bey und in den
40 vorgenanten steten gelegen sind' Ennen, Quellen z. Gesch. d. Stadt Köln VI,32².
Siehe Stobbe, Die Juden in Deutschland 146.

Item in der forme[a] ist den Juden ein brief geben under der majestat inges*igel* cum illa clausula[b] : unsern gulden pfennig und halbe Judenstüre[1] von allen unsern und dez richs Juden und Judinn, sie sin hinder etc. sub dato Nuremberg die conversionis beati Pauli anno domini M°CCCC tercio, regni 'vero nostri anno'[c] tercio.

10. *K. Ruprecht befiehlt, Elias von Weinheim und Isaac von Oppenheim, die er bis auf Widerruf beauftragt habe, den goldenen Pfennig von allen Juden des Reichs zu erheben, zollfrei und ungehindert passieren zu lassen. 1402 Aug. 17 Heidelberg.*

Aus Karlsruhe, Landesarchiv: Pfälz. Copialbuch 467, 52[r] mit der Überschrift 'Ein geleitsbrief den Juden Elya und Isack gegeben, den gulden pfennig[d] inzusamen etc.' — Ibid. Copialbuch 548, 41 42. — Erw. Mone in Ztschr. f. d. Gesch. d. Oberrheins 9, 279.

Wir Ruprecht etc. lassen alle und igliche unser und dez heiligen richs kurfursten, fursten, graven, frien herren, ritter, knechte, gemein- schaft der stetde, lantvogte, vogte, amptlute und zoller und sust alle ander unser und dez heiligen richs undertanen und getruwen, den dieser geinwertige unser brief[2] furkommet, wissen : daz wir Elyan von Winheim, hinder unserm oheim von Mentze gesessen, und Isac von Oppenheim unsern kamerknechten bevolhen haben, unsern gulden pfennig von allen und iglichen unsern und dez heiligen richs Juden inzufordern und inzugewinnen und uns dann auch rechenunge davon zu tůn biss uf unser wiederrůffen. Herumbe begeren[e] und gesinnen wir an uch alle samentlich und besunder und heissen und gebieten auch allen unsern amptluten und dienern, daz ir die obg*enanten* unser Juden und ire diener und botden, als di*e*ke in geburet, dürch uwere lande und gebiete zů wandeln, den obgen*anten* unsern gulden pfennig innezufordern und innezugewinnen, als fürges*chriben* stet,

a) Copb. 548 'obgeschr[i]ben forme'. b An der durch S. 7 N*ote* a gekennzeichneten Stelle. Das Rückverweisungszeichen fehlt hier in Hs. c Aus Copb. 54[8] ergänzt. 3[r] d) Ohne i Punkt, also auch 'pfening' möglich. e) Hs. 'begne' mit Haken nach n.
[1] 1402 Aug. 17 war die Einkassierung der halben Judensteuer den Beiden noch nicht aufgetragen (irrig Wiener 253 nr. 32a, dies geschah erst 1403 Jan. 25 : Chmel nr. 1400. Wiener 58 nr. 35. Ztschr. f. d. Gesch. d. Oberrheins 9,278 70, wo Mone irrig auch von pfälzischen Juden spricht. RTA 6,169. Die Urkk. stimmen bis auf den in der Nachschrift angegebenen Zusatz Z. 1 wörtlich mit einander überein.
[2] Vgl. den kürzeren Geleitsbrief in nr. 2. Ob Elias und Isaac schon 1400/1401 ihr Amt ausgeübt haben, lässt sich infolge mangelnden Quellenmaterials nicht mit Gewissheit sagen. Bemerkenswert ist jedenfalls, dass nr. 1 und 2 der Kanzlei- unterschrift entbehren. In Schwaben und am Bodensee hat 1401/1402 Johannes Kirchheim ohne Mithülfe der Beiden den goldenen Pfennig und die halbe Juden- steuer erhoben : RTA 5,228.

uf wasser und uf dem lande zollefri, unufgehalten[a] und ungehindert
riten, faren und wandeln lassent und in auch und ir iglichem
besunder uwer sicher geleite gebent und schaffent geleitd werden,
als dick in dez noit geschiet und von uch samentlich oder sunder-
lich begerend sin. Daran bewiset uns auch ein iglicher unser kur-
fursten und fursten besunder danckneme liebe und fruntschaft und
sust ein iglich sunderlich dancknemekeit und dinst. Ork*und* etc. ver-
sig*elt* mit unserm ufgetruckten inges*igel*, geben zu Heidelberg ut supra
uf den nehsten dunrstag nach unser frauwen tag, alz sie zu himmel
fure, assumpcio zu latin, nach Christi geburte vierzehenhundert und
zwei jare, unsers richs in dem andern jare][b].

Ad mandatum domini regis
Jo*hannes* Winheim.

11. *K. Ruprecht an Frankfurt: den Juden Meyer zu Frankfurt,
den er als Diener zur Erhebung des goldenen Pfennigs von den Juden
des Reichs angenommen habe, nebst seinen Brüdern daselbst unbeschwert
wohnen zu lassen. 1402 Aug. 21 Heidelberg.*

Aus Frankfurt, Stadtarchiv: Ugw. E 49 Cce or. ch. c. sig. in verso impr., mit
gleichzeitiger Notiz in verso 'umb Meiern den Juden geleide etc.'

Ruprecht von gots gnaden Romischer kunig tzu allen tzijten
merer des richs.

Lieben getruwen. Wir lassen uch wissen, daz wir Meyer[1] den
Juden unsern kammerknechte zu Franckfurd gesessen tzu unserm
sunderlichen dyener genomen haben, daz er uns von allen unsern und
des heiligen richs Juden sal helffen[2] unsern guldin pfennig innegewynnen.
Herumb begeren wir mit ernste, daz ir denselben Meyer und sine
brudere[3] gutlichen bij uch verliben lassent unbesweret, und daz sie
unser daran geniessen, daz ist uns von uch tzu[c] dancke. Datum Heidel-
berg secunda feria infra ottavas assumpcionis beate Marie virginis anno
domini millesimoquadringentesimo secundo, regni vero nostri anno tertio.

<table>
<tr><td>

[*in verso*] Unsern lieben getruwen
burgermeister und radt unser
und des heiligen richs statd
Franckfurd.

</td><td>

Ad mandatum domini regis
Johannes Winheim.

</td></tr>
</table>

12. *K. Ruprecht bestätigt den von dem Rate zu Oppenheim den
dortigen Juden auf weitere vier Jahre erteilten Schutz und die Freiheiten
der Juden. 1403 April 30 Worms.*

a Vorhergeht gestrichen 'und'. b Aus Nr. 9 ergänzt. c Hs. 'tzu' mit Punkt über u. [1] Meyer von Cronberg: nr. 21. [2] Neben Elias von Weinheim und Isaac von Oppenheim. [3] Einer derselben ist Symelin: Urkk. 1406 Dez. 14, 1410 Juni 6.

Aus Wien, H. H. Staatsarchiv: Registraturbuch C, 132ᵛ mit der Überschrift 'Der Juden von Oppenheim bestetigunge of vier jare'. — Reg. Chmel nr. 1472. Wiener 59 nr. 40.

Wir Ruprecht etc. bekennen und dun kunt offenbar mit diesem briefe: Umb das unser und des richs burgmanne zu Oppenheim ire etwievil ir jerlicher gulte, die in von iren burglehen of der Juden dinste und sture zu Oppenheim von dem heiligen riche bewiset[1] sint, und diewile auch unser schutheisse und rate zu Oppenheim sin ziten von unserm verhengnisse den Juden, die ietzunt doselbs zu Oppenheim gesessen sint und die der schultheisse und der rad fur-

Nov. 11   geschriben von itzund an biss uf sand Martinstag nehst kompt und von demselben sant Martinstage uber vier ganze jare nehste nacheinander volgende darselbs enphaen werdent etc. von worte zu worte, als davor der Juden von Openheim bestetigunge[2] etc. IIII° folio etc. Geben zu Wormsse of den mantag vor sant Walpürgen tag in dem jar, als man zalte nach Christi gepurte vierzehen hundert und drü jare unsers richs in dem dritten jare.

Ad mandatum domini regis
Johannes Winheim.

13. *K. Ruprecht erlaubt dem Schultheiss und Rate von Oppen-heim, so viele Juden aufzunehmen, dass den dortigen Burgmannen ihre jährlichen Burglehen gezahlt werden können. 1403 Mai 18 Oppenheim.*
Aus Karlsruhe, Landesarchiv: Pfälz. Copialbuch 467, 63ʳ mit der Überschrift 'Das der schultheisse zu Oppenheim als vil Juden daselbs enphaen und siczen lassen sal, daz die burgmanne da irer burglehen of in jerlichen gehaben mogen etc.'

Wir Ruprecht etc. bekennen und dun kunt offenbar mit diesem briefe: Want etwievil unser und des richs burgmanne zu Oppenheim ire burglehen of der Juden zinse und sture von unsern furfarn an dem riche Romischen keisern und kunigen bewiset sint, darumbe auch dieselben unser furfarn erlaubet haben, Juden in unser und des heiligen richs stat Oppenheim zu enphaen und zu behalten, herumbe so verhengen wir in craft diss *briefs*, das unser schultheisse und der rate zu Oppenheim so viel Juden und nit mee ane geverde zu Oppenheim enphaen und sitzen lassen sollent, ob sie die gehaben mogen, das die burgmanne, die of die Juden bewiset sin[3], eins iglichen jars irs

---

[1] Siehe Anm. 3.   [2] Chmel nr. 9: 1400 Sept. 4 Heidelberg. Der damals bestätigte dreijährige Schutz lief Martini 1403 ab.

[3] Nach dem Lehenbuche Ruprechts (1398-1400) erhielten jährlich Heinrich von Erlikeim 7½ Gld., Diether von Ensentheim 6 Gld., Wernher Bock von

burglehens gericht werden. Und sie mogen denselben Juden auch briefe geben in der forme, als sie vormals Juden daselbst geben haben, ane geverde, doch mit beheltnisse uns, dem riche und unser stat Oppinheim iedermann sins rechten, als von alter herkommen ist, ane geverde. Orkünde diss briefs versiegelt mit unserm kuniglichen anhangenden ingesigel, datum Oppeinheim sexta feria ante dominicam vocem jocunditatis anno domini millesimo quadringentesimo tercio, regni vero nostri anno tercio.

Ad mandatum domini regis
Johannes Winheim.

14. *K. Ruprecht nimmt Elias von Weinheim, zu Bensheim gesessen, in seinen besonderen Schutz und erlaubt ihm, seine Schuldner rechtmässig anzugreifen. 1403 Okt. 16 Heidelberg.*

Aus Karlsruhe, Landesarchiv: Pfälz. Copialbuch 467,71ᵛ mit der Überschrift 'Als mine herre Elyan von Winheim den Juden in sinen schirme genomen hat und auch daz er sin schuldener etc. bekummern mag'.

Wir Ruprecht etc. bekennen etc.: das wir Elian von Winheim[1] zů Benssheim gesessen unsern kamerknecht in unsern besundern schirme genommen und enphangen haben, nemen und enphaen in auch darinne in craft diss briefs und wollen auch, daz in alle und igliche unser amptlute zů sime rechten getrulichen verantworten und versprechen sollen, als dicke er das an ir iglichen gesinnen wirdet und er dez bedarf. Wir han auch dem obgenannten Elyan[2] gegunnet und erleubet,

Erpfenstein 4 Mark, Diede von Udenheim 10 Pfd., Jeckel von Albich 9 Pfd., Gerhart Munxhorn 6 Mark: Koch-Wille, Reg. d. Pfalzgrafen am Rhein nr. 6082, 6119, 6205, 6320, 6322, 6323. Auch Wernher von Heppenheim hatte einen Gültenanspruch: Koch-Wille nr. 6197, ferner die Witwe des Clem Lunpp von Sauwelnheim 4 Mark: Chmel nr. 515. Betreffs des vorher genannten Gerhart Munxhorn (von Spomheim siehe auch Chmel nr. 1470. Nach Franck, Gesch. d. ehemaligen Reichsstadt Oppenheim a. Rh. (Kayserling in Mtsschr. f. Gesch. u. Wiss. d. Judentums 1860, 294 betrug die von den Juden zu zahlende Ausrichtung der 27 Burgmannen jährlich 250 Gld.

[1] Das von ihm früher in Weinheim bewohnte Haus schenkt Ruprecht 1403 April 18 Alzey an Johannes Winheim: Chmel nr. 1465. Mone in Ztschr. f. d. Gesch. d. Oberrheins 9,279. Wiener 59 nr. 37. Der kgl. Protonotar und der jüdische Steuerbote sind aus demselben Orte: zur Wahl gerade des Elias dürfte wohl Johannes die Anregung beim König gegeben haben.

[2] Elias' Stellung als Steuerbote ist hier nicht erwähnt. Dass er diese am 14. Okt. noch inne hatte, zeigt die Verschreibung Ruprechts 1403 Okt. 14 Heidelberg über 136 Gld. 2 Gr. an Hermann Hirte von Sauwelnheim 'of ostern zu bezalen von dem gulden opferpfennig, den Elian und Isaac innemen': RTA 5,237. Über seinen Collegen Isaac von Oppenheim: nr. 20.

daz er sin schuldener, die imme kuntlich redelich schult schuldig sin, die er in geluhen oder das wert darumbe zu kauf geben hat und daz nit wucher ist, umbe dieselbe sin schult mit dem rechten möge zusprechen, bekummern und ufhalten, wo er die dann ankummet, als lange biss daz imme dieselbe schült bezalet wirdet. Und wollen auch, daz man s imme des rechten von denselben beholfen si. Orkunde diss briefs versiegelt mit unserm kuniglichem anhangendem ingesigel, datum Heidelberg ipso die beati Galli confessoris anno domini millesimo quadringentesimo tercio, regni vero nostri anno quarto.

Ad mandatum domini regis   10
Joh*annes* Winheim.

15. *K. Ruprecht an das Hofgericht zu Rottweil: die über Leyser, Judenmeister zu Schlettstadt, verhängte Acht, sowie die Vorladung Schlettstadts zurückzunehmen und dem Kläger Joslin von Kenzingen an den zuständigen Landvogt im Elsass zu weisen. 1404 Febr. 9 Heidelberg.* 15

Aus Karlsruhe, Landesarchiv: Pfälz. Copialbuch 467, 75 mit der Überschrift 'Das der hoffrichter zü Rotwil und sin stathalter solich acht, aberacht und furheischunge, als sie Joseln den Juden und die von Sletzstat getan haben, abetün unverzogenlich'.

Wir Ruprecht etc. enbieten den edeln grave Rudolffen von Sulcz, 20 unsers und des richs hoffgerichtes zu Rotwile hoferichter, Eglolffen von Wartemberg genant von Wildenstain sinen stathalter und allen und iglichen urtelsprechern an demselben hofgericht unser gnade und allez güt. Und tûn uch kunt mit diesem briefe: das uns furbracht ist mit clage, wiewol das si, das wir in der sache, als Joslij[a] der Jude 25 von Kentzingen vor uch uf dem hofe zu Rotwil uf Leysern und[b] Judenmeister unsern camerknechte gesessen zü Sleczstat und sin güt geclaget hat, vormals ernstlichen verschrieben und gebotten haben und darnach Swartz Reinhart von Sickingen, unser lantvogt in Elsasse und lieber getruwer, etwie dicke in sinen briefen auch begeret habe, 30 das ir zu dem egen*anten* Leysern oder sinen güte von des egen*anten* Joselins wegen nicht richten soltent, wann derselbe Leyser hinder uns und dem riche gesessen were und stünde auch dem egen*anten* lantvogt von unsern und des richs wegen zu versprechen (hette dann derselbe Joslin ichts zu im zu vordern, so wolte er im eins rechten von im gestatten · und helfen, als recht were, ane verziehen), idoch so habent ir uber solich unser gebotde und des lantvogtz verschriben zu dem egen*anten* Leysern und sinem güt mit der acht, aberacht und ervolgunge gerichtet

<hr>

a) In Hs. über ij nicht Punkte, sondern schräge Striche. Tilgungsstriche, sodass Josl zu lesen ist? b) So.

4

und orteil daruber gesprochen und si auch nû den burgern zu Sleczstat unsern und des richs lieben getruwen von clage wegen des egen*anten* Jôslins uf den egen*anten* hoff zu Rotwil verkundet und gebotden, sich umbe gemeinsam willen des egen*anten* Leysern zu verantworten 5 oder man wolle auch furbaz zu in richten etc. Das uns alles sere unbillich nimet, siddenmal das daz also mit schrift gefordert ist, als hie geschr*iben* stet, ee zu dem egen*anten* Leysern oder sinem gûte gerichtet wûrde. Und meinen auch, das daz wider unserr und des richs herlikeite und herkommen[a] si und das von den unsern uber unser 10 verschriben und soliche egen*anten* unsers lantvogts begeren unbillich gerichtet werde, diewile man dem cleger rechtes gestatten und helfen wil an den stetten, do das billich ist, nemlich siddenmal daz ir wol wissent, daz alle Juden unser und des richs camerknechte sint und allein in unser kuniglich camer und fur die, den wir das bevolhen 15 haben, zu richtende von rechts wegen gehôren und das auch die egen*anten* von Sleczstat von ir friunge wegen, daruber ir in ein vidimus gegeben habt, als wir vernomen haben, fur unsern egen*anten* lantvogt und nicht uf den hoff zu Rotwile zu recht gefordert werden sollen. Dorumb von Romischer kuniglicher macht und gewalt gebieten wir 20 uch ernstlich und vesticlich mit diesem briefe und wollen, das ir die egen*anten* hoffgerichte-acht, aberacht, ervolgunge und urteil, die uf den egen*anten* Leysern und auch solich furheischunge, als uf die egen*anten* von Sleczstat von des egen*anten* Jôslins wegen gescheen, getan oder gegangen sint, unverzogenlichen abtûn, tôden und vernichten 25 und auch furbasser in der sache nit richten oder urteil sprechen, sunder denselben Joslin fur unsern lantvogt wisen sollet, rechts da zu pflegen, des er im auch gestatten und helfen sol und wil, als recht ist, ane allez verziehen, als liebe uch si unser und dez richs swere ungnade zu vermiden. Wann det ir des nit, so wolten wir mit unser kuniglicher 30 majestat wiederrufunge und andern notdurftigen sachen darzû tûn, als[b] sich das heischen wûrde. Geben zu Heidelberg of den sundag, alz man singet in der heiligen kirchen esto michi, in dem jare, als man zalte nach Christi gepûrte vierzehenhundert und vier jare unsers richs in dem vierden jare.

35 Ad mandatum domini regis
Johannes Winheim.

16. *K. Ruprecht bekennt, dass ihm* Cunrad Specke, *Bürger zu Constanz, und* Niclaus Schult*heiss, Stadtschreiber daselbst, Datum des*

a) In Hs. Haken am ersten e. b) Vorhergeht gestrichen 'wir'.

Sept. 29 *Briefs je 25 Gld. halbe Judensteuer, die St. Michel 1402 und 1403 fällig waren, gezahlt haben, und sagt die Juden zu Constanz der beiden halben Judensteuern ledig. 1404 Apr. 22 (feria tercia post dominicam jubilate) Heidelberg.* Ad mandatum domini regis Johannes Winheim [1].

Aus Karlsruhe, Landesarchiv: Pfälz. Copialbuch 467,8o[r] mit der Überschrift [5] 'Ein quitancie, den von Costencze geben von der halben Judenstūre wegen etc'. — Reg. RTA 6,762 Anm. 7.

17. *K. Ruprecht verschreibt seiner Schwester Herzogin Anna von Berg auf Lebzeiten den jährlichen goldenen Opferpfennig von den Juden in Stadt und Bistum Köln und befiehlt den Juden, das Geld jährlich der* [10] *Genannten zu zahlen. 1404 Juni 9 Heidelberg.*

Aus Karlsruhe, Landesarchiv: Pfälz. Copialbuch 467,82 mit der Überschrift 'Als min herre siner swester der herzoginne von dem Berge etc. den[a] gulden opferpfennig in der stat und bisthūm zū Colne ire lebtage verschrieben hat'.

Wir Ruprecht etc. bekennen und dūn kunt offenbar mit diesem [15] briefe: daz wir umbe sunderlicher liebe und fruntschaft willen, die wir zu der hochgebornen furstinne Annen von Beyern, herzoginne von dem Berge und grafinne zū Rafanspūrg, unser lieben swester allzit gehabt und noch han, ir den gulden opferpfennig, der uns und dem riche von allen und iglichen Jūden in der stad[2] und in [20] dem bisthum zu Colle gesessen jerlichen fallende ist, ire leptage verschrieben und gegeben haben, verschriben und geben ir den in craft diss briefs und Romischer koniglicher mechte - vollenkomenheid und heissen und gebieten denselben Juden allen samentlichen und besunder, daz sie der obgen*anten* unser swester denselben gulden [25] opferphennig eins iglichen jars, als er dann erschienen ist, reichen und antwerten und zu einer iglicher zit iren besiegelten quitbrief darfur nemen. Und daruf sagen wir auch dieselben Juden des vorgen*anten* gulden opferpfennigs eins iglichen jars, als dicke sie den dann der obgen*anten* unser swester geben und iren besiegelten [30] quitsbrief darfur nemen werden, quit, ledig und loss. Mit urkunde diss briefs versiegelt mit unserm kuniglichem anhangendem ingesiegel, datum Heidelberg secunda feria post beati Bonifatii pape et martiris anno domini millesimo CCCC°IIII°, regni vero nostri anno quarto.

Ad mandatum domini regis [35]
Johannes Winheim.

a) In Hs. verbessert aus 'die'.

[1] Über den Eingang der 50 Gld. in die kgl. Kammer durch Vermittlung des Bischofs von Speyer: RTA 6,762 art. 148. Die halbe Judensteuer im Jahre 1401, welche von Johannes Kirchheim erhoben wurde, betrug 30 Gld.: RTA 5,228. [40]

[2] Der goldene Opferpfennig von den Juden in der Stadt Köln war bis dahin zwei Räten des Erzbischofs verschrieben: nr. 5.

18. *Ritter Hermann von Rodenstein an K. Ruprecht: H. habe laut kgl. Brief und Geheiss mit den Juden zu Frankfurt wegen des Geldes[1] gesprochen, er könne sie nicht höher als auf 300 Gld. bringen. Dafür forderten sie einen versiegelten Schutzbrief. H. sende das Geld* 5 *mit dem Boten, habe aber den Juden versprechen müssen, das Geld nicht aus Händen zu geben, bevor er den Brief des Königs habe. H. erwarte also den Brief[2] mit dem Boten zurück. [1404] Juli 22 (St. Marien und Magdalenentag).*

Aus Frankfurt, Stadtarchiv: Ugw. E 45, A 12 cop. chart.

10 **19.** *Ritter Hermann von Rodenstein an K. Ruprecht: H. habe den Brief[3] des Königs die Frankfurter Juden hören lassen* und sie sint der sache ser erferet[4]. *Die Juden wünschten einen solchen Schutzbrief, wie ihn die Juden zu Oppenheim hätten[5]. H. habe darauf erklärt, nicht zu wissen, was in dem Oppenheimer Schutzbrief stände. Er* 15 *habe daher den Wunsch der Frankfurter Juden auf eine* notel schreiben lassen[6]; *durch Krankheit sei er verhindert gewesen, diesen Zettel an R. zu bringen.* Und mochte ich zu uwern gnaden sin komen, so hette ich wol macht gehabt, dieselbin notel nach uwern wolgefallen zu meren oder zu minern, also daz die Juden oder ich in der sachen keinen 20 ufsacz gemeit haben, als ich uwern gnaden wol sagen wil des ersten, so ich zu uch komen ... Und die Juden flehin und bidden uwer gnade, daz ir des unwillens und ungnade gein in verzihen wullit und daz gelt noch gnediclich von in uf nemet, nachdem als uch der rad zu Franckfurd auch darumb tut bidden. *[1404] Aug. 3 (uf sontag nach* 25 *sant Peters tag, als er in den banden lag).*

Aus Frankfurt, Stadtarchiv: Ugw. E 45, A 14 cop. ch.

20. *K. Ruprecht erklärt, dass Isaac von Oppenheim in seinem besonderen Schutze bleibe. 1404 Dez. 11 Oppenheim.*

[1] Für die Bestätigung ihrer Privilegien. [2] Der Schutzbrief wurde noch an 30 demselben Tage ausgefertigt: Chmel nr. 1816. Wiener 61 nr. 51. Über den Eingang der 300 Gld. in die kgl. Kammer: RTA 6, 763 art. 158 'item 300 gulden von herr Hermans knecht von Rodenstein von der Juden wegen zu Franckfurt eodem die [*1404 Juli 22*]. [3] Schutzbrief 1404 Juli 22 Heidelberg: Anm. 2 [4] Überrascht, erstaunt: Lexer, Mhd. Hwb. 1,688 s. v. ervēren. Die Juden hatten einen günstigeren Schutzbrief erwartet, das Geld dafür war schon gezahlt. [5] Siehe unsere nr. 12 und Chmel nr. 9. [6] Der Wunsch der Frankfurter Juden wurde durch einen neuen Schutzbrief 1404 Nov. 7 Heidelberg berücksichtigt: Chmel nr. 1881. Wiener 61 nr. 54 und S. 257.

Aus Karlsruhe, Landesarchiv: Pfälz. Copialbuch 467,86ᵛ mit der Überschrift
'Als min herre Isaac Juden von Oppenheim in sinen besundern schirme
genomen hat'.

Wir Ruprecht etc. bekennen etc.: Wann Isaac Jude von
Oppenheim etwevil zit unser Jude und camerknechte und in unserm 5
besundern schirme gewesen ist und sich auch in unserm geschefte,
daz wir ime bevolhen hatten, wol und getrulich gehalten und be-
wiset hat, dorumbe so wollen wir, das derselbe Isac unser Jude und
kamerknecht und in unserm besundern schirme furbas beliben solle.[1]
Und wollen in auch als unsern Juden und camerknechte gnediclich 10
beschirmen und verantworten, wo imme daz not düt, und gebieten
auch darumbe allermenclich, daz im nimant deheinerlei gewalt oder
unrecht dün solle in dehein wise. Orkund diss briefs versigelt mit
unserm kuniglichem ofgetruckten ingesiegel, datum Oppenheim feria
quinta post festum concepcionis beate Marie virginis anno domini 15
millesimo quadringentesimo quarto, regni vero nostri anno quinto.

Ad mandatum domini regis
Johannes Winheim.

21. *K. Ruprecht beauftragt Meyer von Cronberg bis auf Widerruf,
die halben Judensteuern, jährlichen Zinsen und den goldenen Opferfennig* 20
von allen Juden des Reichs zu erheben und befiehlt darumb allen und
iglichen Juden und Judinn, mannen und wiben, witwern und witwen,
knaben und megden, die drizehen jare und daruber alt sind, *den
Forderungen des Genannten nachzukommen. 1404 Dez. 17 Heidelberg.*

Aus Karlsruhe, Landesarchiv: Pfälz. Copialbuch 459,217ᵛ-218ʳ. - - Reg. Chmel 25
nr. 1911. Wiener 61-62 nr. 56. RTA 6,169.

22. *K. Ruprecht verkündet, dass er Meyer von Cronberg bis auf
Widerruf beauftragt habe, die halben Judensteuern, jährlichen Zinsen und
den goldenen Opferpfennig von allen Juden des Reichs zu erheben, und
befiehlt allen Behörden und Unterthanen, dem Genannten hierbei behilflich* 30
zu sein. 1404 Dez. 17. Heidelberg.

Aus Karlsruhe, Landesarchiv: Pfälz. Copialbuch 467,87ʳ mit der Überschrift
'Als Meyer Juden von Cronenberg die halbe judensture, jerlich zinse und der

---

[1] Damit ist die Mission Isaacs als Steuerbote beendet. Für Elias gilt dies
vielleicht schon 1403 Okt. 16, nur fehlt in nr. 14 ein Hinweis hierauf. Die Ein- 35
kassierung wird nunmehr von ihrem bisherigen Gehülfen Meyer von Cronberg
allein übernommen: nr. 21. Doch begegnen uns Elias und Isaac noch einmal
Anfang 1405 in nr. 25 und 27, ohne dass indess ihre Befugnis (ob überhaupt
eine solche?) dort klar ersichtlich ist. Mit der Steuererhebung hatten sie jedenfalls
damals nichts mehr zu thun.   40

2

gulden opferpfennig bevolhen ist ofzuheben etc.' — Ibid. Copialbuch 548,
84-85. — Erw. RTA 6,169.

Wir Ruprecht etc. enbieten allen und iglichen unsern und dez
heiligen richs kurfursten, fursten und andern fursten, geistlichen und
5 werntlichen, grafen, frien herren, dienstluten, rittern, knechten, amptluten, zollern, richtern, burgermeistern, reten und gemeinden und
allen andern unsern und dez richs undertanen und lieben getruwen,
den dieser brief gezeiget wirdet, unser gnade und alles gût. Und
tûn in kûnt mit diese*m* brief: daz wir Meyer[1] Juden von Cronberg
10 unserm botden, zeiger diss briefs, bevolhen haben, alle und igliche
halbe judenstûren, jerlich zinse[2] und gulden opferphenninge, die uns
von allen und iglichen Juden und Judinne, wie die genant oder wo
oder under wem die gesessen oder wohnhaftig sint, jerlich gefallen
und werden sollen, und auch die, die vorher versessen und verhalden
15 sint und uns gefallen und worden sin solten, von unsern wegen nû
furbaz mere inzuvordern, ufzuhebend und inzûnemend und auch sin
quitbriefe dafur zu gebende biss of unser widerruffen, als das in
unser kuniglicher majestad briefe daruber gegeben[3] eigentlicher begriffen ist. Und begern dorumbe von in allen und iglichen mit ernste
20 und gebieten auch allen unsern und dez richs undertanen, amptluten
und getrûen, nemlich unser und dez richs stetde, vesticlich mit diesem
briefe, daz sie den egena*nten* Meyer solich egena*nte* halbe judensturen, jerliche zinse und gulden opferpfenninge ungehindert invordern,
ofheben und innemen lassen und im damit, als vil in daz geburt,
25 gehorsam sin sollen und in auch furdern und geleiten und, wo oder
wann er des begert, im gleite schaffen wollen durch unsern willen.
Daran dûn sie uns sunderlich behegelichkeite. Mit urkunde diss
briefs versigelt mit unserm kuniglichen anhangenden inges*igel*, datum
Heidelberg feria quarta post beate Lucie virginis anno domini mille-
30 simo quadringentesimo quarto, regni vero nostri anno quinto.

Ad mandatum domini regis
Johannes Winheim.

[1] Siehe nr. 11. [2] Weizsäcker RTA 6,170 hat hervorgehoben, dass die bei
Elias und Isaac vorhandene Übertragung richterlicher Befugnisse in der Instruktion
35 für Meyer fehle. Über die irrige Auffassung der Befugnisse Elias' und Isaacs siehe
S. 6 Anm. Aber auch die von Weizsäcker vermisste Befugnis zur Erhebung der
Stralgelder ist bei Meyer vorhanden. Unser 'jerlich zinse' bedeutet nichts anderes,
als was in nr. 8 mit 'frevele und brüche', 'freveln und bussen' oder in der Instruktion Ruprechts für den Hochmeister Israel 1407 Mai 3 Nürnberg (Chmel 225)
40 mit 'velle und brüche' bezeichnet wird. [3] Ist unsere nr. 21.

23. *Ladung der Frankfurter Juden vor das nächste kgl. Hofgericht. 1405 Jan. 23 Heidelberg.*

Aus Frankfurt, Stadtarchiv: Ugw. E 45, A 1 or. ch. c. sig. in verso impr. del. Specielle Ausfertigung gleichen Datums für 'Wolf Jude gesessen zu Frankfurt': ibid. A 2, für 'Koufman Jude von Frydberg, gesessen zu Frankfurt': 5 ibid. A 3, beide or. ch. c. sig. in verso impr. del.

Alle und igliche Juden und Judinne zu Frankfurt gesessen oder wohnhaftig sollen sich verentworten vor des allerdurchluchtigisten fursten und herren hern Ruprechts von gotes gnaden Romischen kungs zu allen zijten merers des richs hofrichter gegen clage[1] Johannis 10 Warmunds procurators an dem hofgerichte uff dem ersten hofgerichte, das sin wirdet nach sant Valentini tage, der schierist kumpt. Geben zu Heidelberg under desselben hofgerichtes uffgedruktem insigele des nechsten fritags nach sant Antonii tage anno domini millesimo quadringentesimo quinto.   15

Febr. 14 *(marginal)*

Johannes Kirchheim.

24. *K. Ruprecht an Frankfurt: die vor das Hofgericht geladenen Juden Kauffmann und Wolff nebst ihren Familien und allem ihrem Vermögen in Verwahrung zu nehmen. 1405 Jan. 26 Heidelberg.*

Aus Frankfurt, Stadtarchiv: Ugw. E 45, A 6 or. ch. c. sig. in verso impr. 20

Ruprecht von gots gnaden Romischer kunig zu allen zijten merer des richs.

Lieben getruwen. Wann die Judischeit bij uch zu Franckfurt wonende unser kungliche gebotte also uberfaren hat und auch etliche also gebrochen haben, als uns furbracht ist, daz wir meynen, sie sin 25 uns als einem Romischen kunige darumb verfallen und schuldig, soliche busse zu liden, als sie dann nach dem rechten verwurket haben, und wann wir darumb dieselbe Judischeid und nemblichen Kauffman von Friedeberg[2] und Wolff[3] Juden fur unser und des richs hoffgericht laden und yne mit recht daselbs zu sprechen geheissen 30 und bevolhen haben[4], darumb gebieten wir uch ernstliche mit diesem brieve und wollen, daz ir die egenante Judischeit, wybe und manne und nemlichen die egenanten Kauffman und Wolff und auch alles, daz sie haben und ir iglicher oder igliche hat, varendes und ligendes, also bestellen und bewaren sollent, ob sie uns mit rechte ichts 35

[1] Die Frankfurter Juden, insbesondere Kauffmann und Wolff, wurden beschuldigt, mit gebannten Juden Gemeinschaft gehabt zu haben: S. 27 Anm. 2.
[2] Identisch mit Kaufmann von Butzbach, der 1397-1407 in Frankfurt steuert: Kriegk, Frankfurter Bürgerzwiste 550. [3] Wolf von Seligenstadt 1300-1409 oder Wolf, Sohn Fiselins von Dieburg, der 1393-1404, 1407-11 steuert: Kriegk: 553. [4] Nr. 23. 40

verfallen sint oder fallen werden, daz wir des sicher gesin mogen.
Und bewisent uch auch herinne als ernstlichen, als wir uch des wol
getruwen und ir mugelichen dun sollent. Datum Heidelberg secunda
feria post conversionis sancti Pauli apostoli anno domini M° qua-
5 dringentesimo quinto, regni vero nostri anno quinto.

[in verso] Unsern lieben getruwen   Ad mandatum domini regis
burgermeister und radt unser und   Iohannes Winheim.
des heiligen richs stat Franckfurd.

25. *Ratschlag des Rats zu Frankfurt wegen der dortigen vor das*
10 *Hofgericht geladenen Juden. [1405 nach Jan. 26 bis Febr. 12 Frankfurt.]*

Aus Frankfurt, Stadtarchiv: Ugw. E 45, A 15 (art. 1—4), A 17 (art. 5), beide
not. ch. — A 17 enthält wörtlich wie A 15 auch die ersten vier Artikel. —
A 16, überschrieben 'gedechtniss' ist gleichfalls ein Ratschlag des Frank-
furter Rats in drei Artikeln. Art. 1 und 3 stimmt inhaltlich mit A 15 art.
15 1—2 überein, dagegen findet sich der art. 2 weder in A 15 noch in A 17;
er lautet: 'Daz man dan sinen gnaden sage, daz der rad besorge eins gros-
sen unwillen und uffbruches von erbern narhafftigen luden[1] zu Frankenfurd,
davon dem riche sin stat vergenglich mochte werden[2], und sin gnade zu
bidden, daz er ansehin wolle den grossen dinst, als man sinen gnaden an
20 gelde und anders getan hat'.

Item von der Juden wegen ist geratslaget: [1] Zum ersten
unsers herren des konig gnade zu bidden und demüdeclich zů er-
manen der phantschafft, als sie dem rade und stat von dem heilgen
riche virphendet[3] sin, und auch solichir gnade und fryheit, als sie
25 der stat Franckenfurd von Romschen keisern und konigen und von
sinen gnaden confirmiret und bestediget han, und sin konigliche gnade
zu bidden underteniclich, die Juden der sache gnediclich zů er-
lassen und den rad und stad und auch die Juden bij gnaden und
friheiden gnediclich zů hanthaben, wan in der rad auch trostunge
30 getan und versiegelte brieffe[4] gegeben hat. [2] Mochte des nit ge-
sin, so sol man ein gutlichkeit virsuchen, sinen koniglichen gnaden
etwas zu schenken. [3] Mochte des auch nit gesin, so ist der
Juden meynunge, drij oder funffe ritter uss unsers herren des Rom-
schen konig rade zů kiesen und daz des einen tag bescheiden werde
35 gein Oppenheim, gein Mencze oder gein Frankenfurd, wo sin gnade
wil, und daz dieselbin drij oder fünffe die zwen[5] Juden virhoren, und

---

[1] Der Rat befürchtete einen etwaigen Wegzug der Juden. [2] Bemerkenswerte
Wertschätzung, wenn auch stark übertrieben. Die Zahl der jüdischen Bevölkerung stand
damals gerade im Höhepunkte. 1404 zahlten 23 Haushaltungen 330¹/₂ Gld.: Bücher,
4. Die Bevölkerung von Frankfurt 1, 550. [3] Stobbe, Die Juden in Deutschland 100 f.
[4] Stättigkeit 1404: Kriegk, Frankfurter Bürgerzwiste 432,450 f. [5] Kauffmann und Wolff.

waz die dan nach ansprache und antwert und nach besagunge der *vorgenanten* zweier Juden irkennen im rechten, da solle in wol mit begnugen. Also daz unsers herren des konig gnade bestelle, daz sich die sinen der sache also annemen. *[4]* Wulde des sin gnade auch nit gehalt han, so wollen die Juden der sache bliben an den 5 zwein Juden Elyan und Ysaac[1] *vorgenant*[2] und an zwein oder drien Judischen meistern, in welchin steden sin gnade die gehabt wil han, ein recht von der sache wegen zu irkennen, und bidden und flehen sin konigliche gnade, soliche gebode und sache gnediglich zu versteen und uff zu nemen. 10

[5] Item affter der *vorgenanten* ratslagunge und gebode so han die Juden vor dem rade gewilkort und gesagit, der sache zu bliben an unsern herren den fursten. Wolde unser herre der konig des auch nit thun, so wollen sie der sache bliben an dem rade zu Mencze oder an dem rade zu Nuremberg oder an dem rade zu 15 Collin oder an dem rade zu Frank*enfurd*, an welchen der stede ein unsers herren des kunig gnade wil.

26. *K. Ruprecht an Frankfurt: Er habe des Rates Brief[3] und darin verschlossene Abschrift[1] als von der ladunge wegen der Juden by uch gesessen erhalten. Wenn sie kürzlich zu ihm kommen, werde er 20 ihnen darauf antworten. 1405 Febr. 13 (feria sexta ante beati Valentini episcopi) Heidelberg.* Ad mandatum domini regis ‖ Emericus de Messcheln.

Aus Frankfurt, Stadtarchiv: Ugw. E 45, A 4 or. ch. c. sig. in verso impr., mit Adresse in verso 'Unsern lieben getruwen dem rade unser und des heiligen richs 25 stad czu Franckefurd'.

27. *Die Judenschaft zu Frankfurt an den Kanzler Bischof Raban von Speier und den Hofmeister Graf Günther von Schwarzburg: jene möchten den König bitten, von den Ansprüchen an die Judenschaft abzustehen, da diese unschuldig sei. Wenn nicht, sollten Elias von Weinheim 30 und Isaac von Oppenheim darüber befragt werden. 1405 März 22 [Frankfurt].*

Aus Frankfurt, Stadtarchiv: Ugw. E 45, A 5 cop. ch.

Unsern undertenigen willigen dinst uwern gnaden allzit bereit. Lieben gnedigen herren. Als mit unsern herren des rats zu Francken- 35 furt frunden ich Seligman von Lenich von uns der Judescheit zu

---

[1] Siehe S. 17 Anm. [2] Es ist vorher von ihnen nicht die Rede! [3] Siehe nr. 25. [4] Wahrscheinlich eine der Verpfändungsurkunden Karls IV.

Franckenfurt gemeinlich und auch sunderlich von Wolffs und Kauff-
mans wegen vor uwern gnaden als von unsers lieben gnedigen herren
des Romschen konigs gnade wegen gewest bin und virhort han
soliche schuldigunge, als wir vurbracht sin, darzu ich Seligman auch
5 geantwert han in der masse als wir ſ meinen, daz wir sere un-
gnedeclich und zu unschulde furbracht sin, und soliche artikele oder
andere, die wider unsers lieben gnedigen herren des Romschen
konigs gnade und daz riche weren, ungerne tun wulden, als verre
wir daz wisten oder virstunden, und herumb wand wir uwer gnedigen
10 günst und furderunge allezit wol bedorfen, so flehen und biden wir
uwer gnade otmudeclich mit flisse, das uwer gnade unsers lieben
gnedigen herren des Romschen konigs gnade fur uns biden wulle,
uns solicher ansprache und schuldigunge gnedeclich zu erlassen und
uns der unschuldig zu halden, das wollen wir allezit mit willen gerne
15 virdienen. Mochte des abir ſ nit gesin, des wir doch ſ nit enhoffen
und uns besserer gnaden virsehen, so sal uns Juden gemeinlich
und auch mir Wolffe und mir Kauffman sunderlich *umb die
schuldigunge, als da erludet han[a], darumb gnugen zu geniessen und zu
engelden an der besagunge Ylians und Isac von Oppenheim der
20 Juden[1], nach dem als ich Seligman mit miner herren von Franckenfurt
frunden von uwern gnaden gescheiden bin, also daz Ilian und Isac
vorgenant mit eide, als man Juden pliegit, tun sweren, virbunden und
gefragit werden, die rechten wahrheit zu sagen und daz durch
keinerlei sache willen zu lassen. Geben under ingesigil des strengen
25 ritters herrn Rudolffs von Sassinhusen schultheiss zu Franckenfurt
umbe unser bede willen, des ich Rudolff vorgenant mich irkennen,
uf den suntag oculi anno XIIII[C] quinto.

[in verso] Den erwirdigen fursten   Von uns der Judescheit gemeinlich
und edeln herren unsern lieben   zu Franckenfurt.
30 gnedigen herren Rabann bischof
zu Spire kanzler und grave Gün-
ther von Swarczburg hofemeister
unsers lieben gnedigen herren
des Romischen konigs.

35   28. K. Ruprecht an Frankfurt: Er habe den beklagten Juden
einen Aufschub von acht Tagen bewilligt; der Rat solle dafür sorgen,
dass die Juden nicht flüchtig werden. 1405 April 16 Heidelberg.
Aus Frankfurt, Stadtarchiv: Ugw. E 45, A 7 or. ch. c. sig. in verso impr.

a) In Hs. am Rande eingefügt.
40   [1] Vgl. nr. 25 art. 5.

Ruprecht von gots gnaden Romischer kunig zu allen zijten merer
des richs.

Lieben getruwen. Als Herman von Rodenstein ritter, unser
landvogt in der Wederauwe und lieber getruwer, Heinrich Herdan
uwer Burgermeister und etliche Juden yezund bij uns hie zu Heidel- 5
berg gewest sin von der sache wegen etliche Juden bij uch an-
treffende, des haben wir umb uwern willen denselben sachen einen
offslag geben bis von hute darnstag uber achtage. Heissen wir uch
mit ernste, daz ir bestellent, daz dieselben Juden, die die sache
antriffet, nit abdrunnig werden, als lange bis daz sie sich gutlichen 10
oder rechtlichen darumb mit uns rechten. Wann wir uch anders
darumb ansprache nit erlassen mochten, als wir das auch dem ob-
genanten Heinrich Herdan uwerm burgermeister selber gesaget han.
Datum Heidelberg quinta feria ante festum penthecosten anno do-
mini millesimo quadringentesimo quinto, regni vero anno quinto. 15
[in verso] Unsern lieben getruwen　　Ad mandatum domini regis
burgermeister und ratd unser und　　Johannes Winheim.
des heiligen richs stat Franckfurd.

29. *K. Ruprecht befiehlt allen Juden, den Bann nicht zu halten,*
den der Judenmeister Susslin zu Würzburg nebst anderen Judenmeistern 20
über David zu Butzbach und dessen Frau verhängt hat. 1405 Juli
16 Heidelberg.

Aus Karlsruhe, Landesarchiv: Pfälz. Copialbuch 467,93ʳ mit der Überschrift
'Als min herre allen Juden geboten hat, daz sie den bann nit halten, den
uber David zu Buczbach gesessen Susslin von Wirtzpurg gelesen hat etc. 25
Wir Ruprecht etc. bekennen etc.: Wann uns der edel unser
lieber neve und getruwer Philipps von Falkenstein und von Min-
czenberg furbracht hat mit clage, wie daz ein Jude genant meister
Susslin gesessen zu Wirtzpurg[1] an einem und David Jüde gesessen
zu Buczbach an dem anderen teil etwass sache und zweitracht wider 30
einander gehabt[a] und noch haben, darumbe derselbe Suzlin und andere
Judische meister, die im geholfen haben, denselben David und Edelin
sin wib in den Judischen bann getan haben, uber daz daz er ime
vor der Judischheit zu Mentze, zu Franckfurd oder zu Oppenheim

a) Hs. 'gehebt'. 35
[1] Daselbst 1403 Dez. 24 vom Bischof Johann aufgenommen, erhält Susslin
Steuerfreiheit für die nächsten sechs Jahre und das Privileg 'datz er und sine schuler.
die zu im faren werden zu schule, aller freyung nutzen und gebrauchen sullen als
andere unsere Juden ... er sol und mag auch laden und bannen und rechtfertigen
dy Judischeit nach sinem besten synnen': Heffner, Die Juden in Franken 43 Beil. B. 40

zum rechten gerne gestanden[a] were und auch dicke geboten habe, recht umbe rechte daselbs zu geben und zu nemen, daz auch der egenante Philips von dezselben Davitz wegen der Judischeit zu Wirczburg verschrieben habe, denselben Susslin daran zu wisen, als wir 5 auch selber mit unsern kuniglichen briefen vormals zwir getan haben. Wann nů daz allez bissher nicht geholfen hat oder hilfet und wir von dem egenanten Philips ernstlich angeruffen sin, daz wir nicht gestatden wollen, daz man im sin undersessen uber soliche vorgenanten schrifte und gebote also beswere, und wann uns derselbe Philips 10 von dez richs wegen also gewant ist, daz wir soliche mutwillige beswerunge, alz der egenante Susslin an dem obgenanten David und sinen wibe mit dem obgenanten banne uber soliche vorgeschrieben gebotde getan hat, als uns furbracht ist, nicht gestatten megen noch wollen, und nemlich wann uns der egenante David von solichs ver-15 fallens wegen, so er uns als einem Romischen kunig von dez egenanten bannes wegen verfallen gewest ist, genůg getan hat, alz recht ist, dorumbe von Rômischer kuniglicher macht gebieten wir allen und iglichen Juden, sie sin Judische meister oder gemein Juden, wie die genant oder wo die gesessen sin, ernstliche und vesticlich 20 mit diesem briefe, daz sie gemeinlich und sunderlich den obgenanten Suzlins und andrer Judischen meister banne, der uf die egenanten David und sin wibe gelesen[1] ist oder were oder villicht noch gelesen wůrde, furbas mere nicht halden sollen in deheine wise, als liebe in si unser und dez richs swere ungnade zu vermiden. Orkund 25 diss briefs versigelt mit unserm kuniglichem anhangenden ingesigel, geben zu Heidelberg dez sechzehenden tags dez mandes Julii nach Christi gebůrte XIIII[C] und darnach in dem funften jare, unsers richs in dem funften jar.

Ad mandatum domini regis
30 Johannes Winheim.

30. *K. Ruprecht an Frankfurt: dem Überbringer die wegen der Juden verabredeten 2000 Gld. unverzüglich zu geben, da er das Geld zum Zuge nach Baiern gebrauche. 1405 Juli 18 Heidelberg.*

Aus Frankfurt, Stadtarchiv: Ugw. E 45, A 10 or. ch. c. sig. in verso impr.

35 Ruprecht von gots gnaden Romischer ‖ kunig czů allen czijten merer des richs.

Lieben getruwen. Als uwer frunde nehst hie czu Heidelberg

a) In Hs. 'standen' uber gestrichenem 'tan'.
1 In den Synagogen.

waren und mit uns uberquamen von der Juden wegen, als ir wol
wissent, an zweytusent gülden, die ir uns uff hüte oder morne her
gein Heidelberg schicken sollent, lassen wir uch wissen: daz wir uns
aller dinge geschickt und gestalt haben, hinoff in unser land gein
Beyern zü rijten, und werden uns auch uff mantag frü hie czu Heidel- ⁵
berg herheben, also uffen czü rijden. Daczu wir auch desselben
gelts notlichen czü unser zerunge hinoff bedürffen und schicken da-
rumb czü üch dissen geinwurthigen unsern boten, brenger dijs brieffs,
und begern mit ganczem ernste, daz ir dem dieselben zweytüsent
gülden czu stund unverczogclichen gebent und entwertent und yn ₁₀
damit fertiget, uns die czü bringen. Und lassent uch daz also mit
ganczem ernste entpholn sin, als wir uch des auch wol getruwen, daz
uns daran kein sumen geschehen, wan wir uns ye daruff verlassen.
Und es queme uns auch zümale uneben, wo wir mit demselben
gülte nit zu stund gefurdert wurden, daz uns daz also queme. Datum ₁₅
Heidelberg sabbato ante beate Marie Magdalene anno domini mille-
simo quadringentesimo quinto, regni vero nostri anno quinto.
[in verso] Unsern lieben getruwen   Ad mandatum domini regis
dem rade unser und des heiligen   Johannes Winheim.
richs stad Franckfurd.   ₂₀

31. *K. Ruprecht an Hermann von Rodenstein, Landvogt der
Wetterau: R. habe an Frankfurt geschrieben[1], die 2000 Gld. mit gegen-
wärtigem Boten zu schicken. Hermann solle ernstlich mit ihnen reden,
dass sie das Geld sogleich mitschicken, da es R. zum Zuge nach Baiern
gebrauche und sich darauf verlasse. 1405 Juli 18 (sabbato ante beate* ₂₅
Marie Magdalene) Heidelberg.

Aus Frankfurt, Stadtarchiv: Ugw. E 45, A 9 or. ch. c. sig. in verso impr., mit
Adresse in verso 'Herman von Rodenstein ritter unserm lantfaude in der
Wederauwe und lieben getruwen'.

32. *Frankfurt an K. Ruprecht: Von den verabredeten 2000 Gld.* ₃₀
schicken sie nur 1000, da sie nur diese haben aufbringen können. Für
Sept. 29 *die andere Hälfte erbitten sie eine Frist bis St. Michelstag. 1405 Juli
18 (sabbato post divisionis apostolorum) [Frankfurt].*

Aus Frankfurt, Stadtarchiv: Ugw. E 45, A 8 conc. ch.

33. *K. Ruprecht an Frankfurt: Die Frankfurter haben statt* ₃₅
der 2000 Gld. heute[2] nur 1000 Gld. geschickt und für die andere Hälfte

[1]Nr. 30. [2]Über den Eingang der 1000 Gld. in die kgl. Kammer: RTA 6,765 art.
191 'item 1000 gulden hat er [Johanes Kirchheim] ingenomen, die herr Hermans
von Rodenstein bracht von den Juden zu Franckfurd, uf sůntag vor Marie

ein Ziel bis St. Michel erbeten[1]. *R. habe bereits den Frankfurtern, die in Heidelberg waren und auch jetzt* mit Rosenkrancze unserm botten *mitgeteilt, dass er die 2000 Gld. zur Zehrung* gein Beyern *haben müsse* als wir yczund hinoff ryten, und darumb so kunnen wir uch des zills nit geben und begern mit ganczem ernste, daz ir uns die ubergen tusent guldin unverzogenlichen her gein Heidelberg schickent. So haben wir etliche der unsern hinder uns gelassen, die uns die nachfuren sollent. *R. verlasse sich gänzlich darauf, später wolle er es ihnen gnädiglich gedenken. Die Frankfurter Freunde hätten ihm die* 10 *ganzen 2000 Gld. auf heute nach Heidelberg versprochen. 1405 Juli 19 (dominica ante beate Marie Magdalene virginis) Heidelberg.*

Aus Frankfurt, Stadtarchiv: Ugw. E 45, A 11 or. ch. c. sig. in verso impr., mit Adresse in verso und späterer archivalischer Notiz 'Als konig Ruprecht II m gulden von der Judden wegen worden'.

15 **34.** *Frankfurt an den Hofmeister Günther von Schwarzburg: Betreffs der noch schuldigen 1000 Gld. lassen sie wissen, dass sie die Summe nicht aufbringen können und, um des Königs Gnade nicht zu verscherzen, das Geld in Mainz auf Schaden entnehmen wollen. Den Boten behalten sie daher zurück, bis es sich entscheide, ob sie das Geld* 20 *senden können. Sobald sie dieses haben, wollen sie es unverzüglich nach Heidelberg schicken. 1405 Juli 24 (in vigilia Jacobi apostoli).*

Aus Frankfurt, Stadtarchiv: Ugw. E 45, A 13 conc. ch.

35. *Erzbischof Johann von Mainz an Frankfurt: seinem Juden Wolff das beschlagnahmte Vermögen auszuhändigen und demselben Geleit* 25 *nach Frankfurt zu geben. [1405] Aug. 1 Aschaffenburg.*

Aus Frankfurt, Stadtarchiv: Ugw. E 49 Ddd or. ch. c. sig. in verso impr. del.

Johann erczbischoff zu Mentze.

Unsern gruss zuvor. Ersamen lieben besundern. Uns hait furbracht Wolff[2] unser Juddenburger, wie daz ir yme sine habe unde gute bij uch zu Franckinburg[a] habet lassen bekommern und meynet yme daz zu versperren. Diewile er nu[b] unser[c] Judde[d] ist und uns zu verantwerten stet, so begern wir an uch mit gantzem ernste, daz ir solichin kommer wollet abethun und yme sine habe unde gute

So statt Franckinford.   b) In Hs. schräger Strich (?) über u.   c) In Hs. Punkt aber u.   d Oben zwischen den beiden d zwei schräg liegende Punkte.

Magdalene Juli 19.' Mit der Forderung der Kleidersteuer Weizsäcker l. c. Anm. 3) hängt also die Zahlung nicht zusammen.   [1] Nr. 32.

[2] Dieser eine der beiden verklagten Frankfurter Juden hatte Frankfurt verlassen und sich in den Schutz des Erzbischofs von Mainz begeben, sein Vermögen 40 blieb jedoch in Frankfurt beschlagnahmt zurück.

lassent folgen und yme auch ein strag geleide geben wollet umbe
unsern willen zuschen hie und sente Mertins tage, daz er sin schuld
moge ingefordern. Da dût ir uns besunder liebe ane und getruwen
uch wol, daz ir uns diess nit versaget, und begern des uwer be-
schri*ben* antwerte mit diesnn boten. Datum Aschaffinburg ipsa die s
beati Petri ad vincula.

[*in verso*] Den ersamen burgermeistern unde raide zu Fran-
ckinfurd unsern lieben besundern.

36. *Frankfurt an Erzbischof Johann von Mainz: sie seien bereit,*
seinem Juden Wolff Geleit nach Frankfurt zu geben, dagegen können s-
sie ihm nicht das beschlagnahmte Vermögen aushändigen. 1405 Aug. 4
[Frankfurt].

Aus Frankfurt, Stadtarchiv: Ugw. E 49 Ddd conc. ch., mit gleichzeitiger Notiz
in verso 'Unser herre von Mencze Wolff Jude Süsskind[1]'.

Unsern undertenigen willigen dinst zuvor. Erwirdiger lieber s-
gnediger furste und herre. Als uwere gnade[a] uns geschri*ben* hat
umb geleide Wolff dem Juden zu geben und von des kommers
wegin, als wir in sin gut und habe bekommert haben etc., bidden
wir uwere furstliche wirdeke*it* wissin : Waz wir in den sachen getan
haben oder thûn, daz kommet von bruche und sache wegin, darumbe 20
unser lieber gnediger herre der Romische konig *Wolffen vor*genant*[b]
anlangete und meinte, daz er im mit libe und gude verfallin were.
Daruf wir mit grosser kost und arbeit vûr Wolffen vor*genant* in
gut*em* glauben mit unsers herren[c] des koniges gnaden an ein somme
geldes getedingt und daz sinen gnaden bezalt[2] haben, darumbe 25

a)—c) In Hs. herübergeschrieben.

[1] Was der Name des Süsskind hier bedeutet, ist nicht mit Bestimmtheit
zu sagen. Gemeint ist jedenfalls Süsskind, der Schwiegersohn Gotschalks von
Kreuznach, der nach der Angabe des Frankfurter Rechenbuches nächste Anm.
gleichfalls unter Anklage stand.

[2] In den Frankfurter Rechenbüchern Stadtarchiv ist die Bezahlung der 2000   30
Gld. zum 22. August 1405 sabbato ante Bartholomei unter der Rubrik 'Besundern
einzlingen ussgebin' verrechnet: 'Item 2000 gulden han wir gegebin unserm herren
dem kunige, als er meinte, daz Wolff der Jude, Kauffman von Buczbach und Süss-
kind Gotschalkes von Cruczenach eiden wider daz riche gefrevelt sulden han und 35
Juden, die in des richs achte weren gewest, gemeinschaft getan hettin und darumb
mit libe und gude sulden dem riche virfallin sin, und dem rade geschri*ben* und
geboden hatte, ires libes und guds sicher zu sin, und der rad des nit let und
meinte nach den briefin und stedekeiden, als sie den Juden getan hetten und
gegebin, das sie des nit tun sulden; und umb des willin daz sie den Juden ire 40
briefe nit ubirfurten und in unsers herren des kuniges gnaden bliben mochten, so
schankten sie [*der Rat*] ime die vor*genante* somme geltes'. Über die der Stadt

wir uf daz sin gekommert[a] haben. Doch so wollin wir uwern furst-
lichen gnaden zu eren dem *vorgenanten* Wolffen geleide geben bi uns
in der stat Franck*enfurd* um schult und burgesch*aft*, als unser stede
gewonheit steet, zuschen hie und *santen Bartholomeus tage nest Aug. 24
5 kompt[b] ussgescheiden die vorg*enante* sache, die vor gerichte hanget,
und auch ussgescheiden daz riche und den lant*friden*. Und welzit
wir daz geleide nit truweten zu verantworten, so wolden wir[c] im daz
als zitlich bevor tun uf sagin, daz er sich darnach wiste zu richten[d].
Gnediger lieber herre. Wan nû die sache unsern gnedigen herren
10 den Romischen konig antreffende ist, so getruwen wir uwern furst-
lichen gnaden wol, daz ir die nit in ungnaden von uns versteet.
Datum feria tertia post Petri in vinculis anno XIIII[C] quinto.
[*supra*] Domino Mogunt*inensi*.

37. *Erzbischof Johann von Mainz an Frankfurt: seinem Juden
15 Wolff dessen beschlagnahmtes Vermögen noch denselben Tag auszuhändigen.
[1405] Aug. 7 Eltville.*

Aus Frankfurt, Stadtarchiv: Ugw. E 49 Ddd or. ch. c. sig. in verso impr. del.,
mit alter archivalischer Jahresnotierung in verso : 1405.

Johann erczbischoff zu Mentze.

20 Ersamen lieben besundern. Als ir uns wilder geschreben hant
a) Hs. 'gekomme' mit Haken am letzten e. b) Über gestrichenem 'unser lieben
frauwen tage assumpcionis nest kompt'. c) In Hs. herübergeschrieben. d) Der Passus
'Und welzit ... richten' am Rande eingefügt.

erwachsenen Gesandtschaftsunkosten heisst es ebenda zum 29. August (Decollationis
25 Johannis': '146 gulden 10 sh. han wir uzgebin, als verzeret han her Herman von
Rodinstein, her Friderich von Sassinhuss, Heinrich Herdan, Joha*n* Erwin und ander
des rads frunde zu unsern herren dem kunige [*im April: nr. 28, im Juli: nr. 30*],
als er dri Juden bisundern und sust die Juden gemeinlich an hoffger*icht* hatte tun
laden und meinte, daz sie sere gefrevelt, die ungnade man unserm herren dem
30 kunige doch abelegin muste, als daz in dem nehsten samstage hievor geschr*iben*
steet'. Vgl. Kriegk, Frankfurter Bürgerzwiste Anm. 236 und 254. Wiener 62 nr. 62.
Nach den vorstehenden Angaben des Rechenbuches, zu denen noch als dritte die
S. 29 Anm. verzeichnete hinzukommt, waren besonders drei Frankfurter Juden
angeklagt, während die Urkk. nr. 24, 25 und 27 stets nur zwei Juden, Kauffmann
35 von Friedberg und Wolff, als Angeklagte nennen und auch nur die Vorladungs-
urkunden dieser Beiden sich im Frankfurter Stadtarchiv erhalten haben (S. 19 Z. 4-6).
Die Anklage gegen den dritten im Rechenbuche genannten Juden Süsskind, den
Schwiegersohn des Gotschalk von Kreuznach, muss daher erst später im Verlaufe
der Klage nach dem 22. März nr. 27 erhoben worden sein. Der genannte Süss-
40 kind zahlt in Frankfurt Steuern 1399-1411: Kriegk 553. Auch darin zeigt sich
scheinbar eine Differenz, dass die Vorladungsurkunde (S. 19 Z. 5) und das kgl.
Schreiben nr. 24 von einem Angeklagten Kauffman von Friedberg sprechen, während das
Rechenbuch dafür einen Kauffman von Butzbach aufführt und auch nur ein solcher
damals in Frankfurt gewohnt hat; beide Personen sind identisch: S. 19 Anm. 2.

von Wolffe unsers Judden wegen, deme ir daz sin bekommert[1] habent [a], und ir uns widder geschreben hant etc., han wir verstanden unde begern von uch mit gantzem ernste, daz ir den kommer noch hutistages abe thud und unserme Judden egenant daz sin folgen lasset. Hettet ir yme dann ichtis zuzusprechen von unsers hern des konigis [5] oder uwern wegen, wir wolten uch yn zu rechte halten. Und getruwn uch wol, daz ir heruber darin nicht enleget, unde begern des uwer beschreben antwurte mit diesnn[b] boten. Datum Eltevil ipsa die beate Afre martiris.

[in verso] Den ersamen burgermeistern unde raide   H. Erenfels [10]
zu Franckenfurd unsern lieben besundern.   retulit.

38. *K. Ruprecht verspricht dem Rate zu Regensburg, von den dortigen Juden die den Juden in Deutschland aufzuerlegende Kleidersteuer nicht erheben zu wollen. 1405 Aug. 17 Amberg.*

Aus Karlsruhe, Landesarchiv: Pfälz. Copialbuch 467,94 mit der Überschrift [15] 'Als min herre den von Regenspurg die Juden bi in ergeben hat von der vorderunge wegen etc.' — Ibid. Copialb. 548,95. — Reg. RTA 6,169,770.

Wir Ruprecht etc. bekennen etc.: Als wir itzund an die Judischeid gemeinliche in Dutschen landen ein vorderung dun wollen von der cleider wegin, das sie anders gecleidet gent, dann sie dun [20] solten, des haben wir unsern lieben getruwen dem rate der stad zu Regenspurg umbe sunderlicher liebe und fruntschaft willen soliche vorderunge als von der Judden wegin, die bi in zu Regenspurg wonhaftig sint, genzlich begeben und begeben in die auch in craft diss briefes, also das wir umbe iren willen an dieselben Judden und [25] auch die burger zu Regenspurg nichts vordern noch gesinnen wollen

a) Hs. 'habet'? b) So, der Überstrich für e fehlt.
[1] Die Beschlagnahme des Vermögens der drei angeklagten Frankfurter Juden, also auch unseres Wolff, dürfte so lange gedauert haben, bis sich diese im Oktober zur Zahlung von 900 Gulden an den Rat bequemten. Die Frankfurter Rechen- [30] bücher (Stadtarchiv) notieren diese erzwungene 'Freundschaftssteuer' 1405 Okt. 24 (sabbato post Luce) unter der Rubrik 'Besundern einzelingen innemen: '900 gulden han uns die Juden gegebin, mit namen Wolff der Jude 400 gulden, Susskind Gotschalkes eiden von Kruczenach 200 gulden und Kauffman von Buczbach 300 gulden, zu sture und fruntschaft, als unser herre der kunig meinte, sie betten wider das [35] riche gefrevelt und Juden, die in des richs achte weren, gemeinschaft getan und weren mit libe und gude dem riche virfallin, und wolde, daz der rad ires libes und guds sicher were, und der rad meinte, daz treffe dem rade und stad an gnade und friheid und auch rurte iz din stedekeit, als der rad den Juden getan und gebin hette, und man unserm herren dem kunige darumb schenkte 2000 gulden, darzu [40] han die egenanten Juden die vorgenante somme geltes zu sture gegebin.'

von der obgenannten ansprach wegin. Orkunde diss briefes versigelt
mit unserm kuniglichen anhangendem ingesigel, geben zu Amberg
uf den mantag nach unser frauwen tag, als sie zu himmel fure, as-
sumpcio zu latine, in dem jare als man zalte nach Christi gepurte
XIIII⁰ und funf jare, unsers richs in dem funften jare.

Ad mandatum domini regis
Johannes Winheim.

39. *K. Ruprecht verspricht Leonhard Sittauwer den 15ten Pfennig
von der den Juden in Deutschland aufzuerlegenden Kleidersteuer. [1405]*
10 *Aug. 17 Amberg.*

Aus Karlsruhe, Landesarchiv: Pfälz. Copialbuch 467,94ᵛ mit der Überschrift
'Als Leonhart Sittauwer versprochen ist der XV A̋ von Juden in Dutschen a
landen, daz man ufheben wirdet'. — Ibid. Copb. 548,96. — Reg. RTA 6, 169. 770.

Wir Ruprecht etc. bekennen etc.: Als wir itzund an die Judi-
15 scheid gemeinliche in Dutschen landen zspruche haben von der
cleider wegin, das sie anders gecleidet gent, dann sie dun solten,
dorumbe wir ein vorderunge an sie dun wollen[1], des haben wir unserm
lieben getruwen Leonhard Sitauwer versprochen und geredt, versprechen
und gereden in craft diss briefes, waz gelts uns von der obgenannten
20 vorderunge wegin gevallen wirdet, daz wir dem obgenannten Leonhard
Sittauwer und sinen erben davon den funfzchenden pfennig[2] vallen
und werden lassen sollen und wollen ane alle geverde. Und wo
des nit geschec, so sal der obgenante Leonhard Sitdauwer und sine
erben oder wer diesen brief mit sinem willen innhat, unser lande
25 und lute darumb angreifen[b] und ufhalten, als lange biss das ine ire
willen geschit. Orkunde diss briefes versigelt mit unserm kuniglichen
anhangenden ingesigel, geben zu Amberg uf den mantag nach unser

a) Hs. 'dschen'. b) Hs. 'angffen' mit Haken am g.
[1] Hier wie in nr. 38 'dun wollen. In Regensburg ist es in der That bei
der Absicht des Königs geblieben und zu einer formellen Forderung an die Juden
garnicht gekommen nr. 38 . Der Widerstand des Regensburger Rates scheint über-
haupt den König veranlasst zu haben, den Gedanken dieser gegen die Juden ganz
Deutschlands geplanten Strafsteuer aufzugeben. Wahrscheinlich stellte es sich auch
heraus, dass das Judenzeichen hier und da getragen wurde, wie dies z. B. in Frank-
35 furt der Fall war. Im Frankfurter Rechenbuche (Stadtarchiv) 1406 Jan. 23 (sabbato
ante conversionis Pauli unter der Rubrik 'Besundern einzlingen ussgebin' heisst
es: 3 lb. 4 sh. den dienern zu nachtgelde, als sie mit unsers herren des koniges
dienern geridden in, als sie Judenhuden unserm herren dem konige brachten.'
Der Frankfurter Rat schickte also, wenn ich richtig verstehe, einige Exemplare der
40 dort getragenen Judenhüte dem Könige als Belege zur Ansicht.
[2] Das Fell des Bären geteilt, bevor man ihn hatte!

frauwen tag, als sie zu himmel fure, assumpcio zu latine etc.

Ad mandatum domini regis
Johannes Winheim.

40. *K. Ruprecht verzichtet auf den in den letzten Jahren nicht gezahlten goldenen Opferpfennig von den Juden im Erzbistum Trier,* 5 *doch sollen sie ihn in Zukunft jährlich zahlen.* *1405 Aug. 24 Eberbach.*

Aus Karlsruhe, Landesarchiv: Pfälz. Copialbuch 467,95ʳ mit der Überschrift 'Almin herre uf den gulden opperpfennig verziegen hat, den im die Juden under dem erzbischof von Triere gesessen versessen hant'. Ibid. Copialb. 548,97.

Wir Ruprecht etc. bekennen etc.: Als alle und igliche Judden 10 unser kamerknechte, wo oder hinter wem die gesessen sin, schuldig sint, uns als eime Romischen kunige eins iglichen jares iglicher einen gulden opferpfennig zu geben und die Judden under dem erwirdigen Wernher erzbischof zu Triere unserm lieben oheim und kurfursten gesessen etwievile jare versessen und solichen gulden opferpfennig 15 nit geben haben, wiewol das doch von unsern wegin an sie gevordert worden ist, darumbe wir auch dieselben Judden vor unser und des heiligen richs hoffgerichte geladen, daselbst erfolget und in die achte erclagit und getan haben, des haben wir umbe bete und auch sunderlicher liebe und fruntschaft willen des obgenanten unsers oheims 20 und kurfursten des erzbischofs von Triere uf soliche unggeben und versessen opperpfennig, als uns die vorgenante Judischeid under ime gesessen biss of datum diss briefes versessen hat und nit geben haben, genzlichen verzichen und verzihen auch doruf in craft diss briefs. Doch also das uns dieselbe Judescheid vorbaz eins iglichen jares 25 den gulden opferpfennig reichen und antworten solle uf die zit, als dann gewonliche und herkomen ist und andere Judischeid zu geben pfliget. Orkunde diss briefes versigelt mit unserm kuniglichen anhangendem ingesigel, datum Eberbach ipso die beati Bartholomei apostoli anno domini millesimo CCCC quinto, regni vero nostri anno 30 sexto.

Ad mandatum domini regis
Johannes Winheim.

41. *K. Ruprecht an Nürnberg, Rothenburg, Windsheim und Weissenburg: er habe an Stelle des verstorbenen Bertholt Pfinzing den Juden Meyer von Cronberg mit der Erhebung der halben Judensteuer und des goldenen Opferpfennigs in den genannten Städten beauftragt; Befehl, diesem forderlich zu sein.* *1405 Sept. 22 Heidelberg.*

Aus Karlsruhe, Landesarchiv: Pfälz. Copialbuch 467,96 mit der Überschrift

'Als Meyer Juden enpholhen ist, den gulden pfennig und halb Judensture in den Frenckischen stedten ufzuheben'. — Ibid. Copialbuch 548,97-98.

Wir Ruprecht etc. entbieten den burgermeistern, reten und burgern unser und dez heiligen richs stetde Nürenberg, Rotemburg, Winndesheim und Wissenburg unser gnade und allez gút. Lieben getruwen. Als wir diesem geinwurtigen Meyer unserm Juden und kamerknechte fürmals in unsern besigelten briefen[1] bevolhen haben, die halbe Judensture und gulden opferpfenning, die uns jerlichen von der Judischeid gefallen, von unsern wegen ufzuheben und inzunemen, 10 und Berthold Pfinczing von Nuremberg selige dieselben halben Judensture und gulden opferpfennig diewile er lebte bi uch ufgehoben[a] und ingenomen hat, als wir ime daz auch bevolhen zu tûn, und als derselbe Bertholt Pfintzing[2] von dots wegen abgegangen ist, so haben wir dem obgenanten Meyer unserm Juden und kamerknechte bevolhen 15 und bevelhen ime auch in craft diss briefs, die vorgenante halbe Judenstûre und gulden opferpfennig von der Judischeit bi uch in den vorgenanten stetden ·Nuremberg, Rotemburg, Windsheim und Wissenburg auch von unsern wegen ufzuheben, inzunemen und uns rechenunge davon zu tûnde. Und bevelhen uch[3] auch mit ganzem ernste, 20 daz ir schaffent und bestellent, daz dem vorgenanten Meyer unserm Juden und kamerknechte soliche halbe Judensture und gulden opferpfennig von der Judischeit bi uch zu einer iglichen zit, als sie dann fallende sint, von unsern wegen geantwertet werden und auch an sinem quitbriefe[4], die er in zu einer iglichen zit darumbe geben wirdet, 25 genügig sin, als auch die Judischeit in andern unsern und dez heiligen richs stetden gesessen dût, diewile wir imme daz also bevolhen haben zu tûn. Orkund diss briefs versigelt mit unserme kunglichen anhangendem ingesigel, datum Heidelberg feria tercia post festum sancti Mathei apostoli anno domini M°CCCC quinto, regni vero nostri 30 anno sexto.

Ad mandatum domini regis
Johannes Winheim.

a) Hs. 'ufgehaben'.

[1] 1404 Dez. 17: nr. 21 u. 22. [2] Das letzte Schreiben Ruprechts wegen 35 Pfinzings ist das von 1404 Dez. 8 Mainz an Nürnberg, Rothenburg und Windsheim, die halbe Judensteuer und den goldenen Opferpfennig an den Genannten zu zahlen: Chmel nr. 1902. Wiener 61 nr. 55. [3] Besonderer Befehl für Nürnberg 1405 Dez. 5 Heidelberg: Chmel nr. 2102. Wiener 62 nr. 61. [4] Eine solche Quittung Meyers ist z. B. unsere nr. 42.

42. *Der kgl. Steuerbote Mayer von Cronberg quittiert dem Rate zu Nürnberg und den Juden daselbst über gezahlte halbe Judensteuer bezw. gezahlten Opferpfennig. 1405 Dez. 21 [Nürnberg].*

Aus Nürnberg, Kreisarchiv: S. V⁸⁶/11 Bd. 8 nr. 21 or. mb. c. 2 sig. pend., mit späterer Notiz in verso 'Judenstewr anno XIIIICVto'. 5

Ich Mayer Jude von Krônbergk meins gnedigen herren dez kûnigs pot bekenne offenlich mit disem brief: daz mich die ersamen und weysen die burger dez rats der stat zu Nuremberg gericht und bezahlt haben von meins gnedigen herren hern Rûprechts Rômischen kûnigs zu allen zeiten merer des reychs wegen der halben 10 Judenstewr und die Juden daselbst dez guldin pfening, die sie von disem jar schuldig waren ze geben. Und ich sag die egenanten burger dez rats und die gemayne daselbst von dez vorgenanten meins gnedigen herren dez kûnigs und von meinen wegen umb die egeschriben halben judenstewr und die Juden daselbst umb den 15 Sept. 29 guldein pfening von disem vergangen sant Michels tag mit disem brief quid, ledig und loz. Dez zu urkund gib ich in obgenant Mayer Jûd von Krônbergk den egenanten burgern dez rats der stat ze Nuremberg und auch iren Juden daselbst den brief versigelt[1] mit der vesten Altmon dez Kemnôters, an der zeit pfleger zu Sultzbach, 20 und mit Pûrckart dez Hoffners Peder anhangenden insigeln, daz sie von meiner fleissigen pet willen doran gehangen haben, in und iren erben onschedlich. Der geben ist an sant Thomas tag vor Christi gepûrt viertzehen hundert jar und dornoch in dem fünfften jare.

43. *K. Ruprecht erlaubt dem Juden Lewe Colner zu Würzburg,* 25 *die Judin Senfte von Heidingsfeld, deren Bruder Joseman und andere Juden vor ihren jüdischen Meistern zu verklagen, mit weiteren Bestimmungen. 1406 März 13 Heidelberg.*

Aus Karlsruhe, Landesarchiv: Pfälz. Copialbuch 467,100v mit der Überschrift 'Erleubunge, daz Lewe Colner der Jude Senffte Judinn von Heidingfelt etc. 30

[1] Gleiche Quittung Meyers 1407 'des nechsten donerstags vor unserr fruwen tag purificationis' [Jan. 27] Germersheim, or. ch. c. 2 sig. intus subtus impr., erbetenes Siegel des kgl. Sekretärs 'hern Emerichs von Muscheln' [das letzte Wort mit Strich über heln] und des 'hern Walther czolschribers zu Germersheim' mit der Begründung 'wann ich eigens insigels nit enhabe': Nürnberg, Kreisarchiv S. V ⁸⁶/11 35 Bd. 8 nr. 23. Ebenso quittiert er 1407 sabbato ante Barbare virginis [Dez. 3] über die Michaelis 1407 fällig gewesene halbe Judensteuer und den goldenen Opferpfennig, der künftigen Oberstentag [1408 Jan. 6] fällig wird: Ibid., Nürnberger Briefbuch 1, 256r beginnend 'Ich Meçr Jude von Kronbergk, des allerdurchlenhtigisten fursten und herren hern Ruprecht Romischen kûnigs zu allen zeiten merers des 40 reichs meins gnedigen herren pote in den hernach geschriben sachen'.

3

vor sinen hohmeister anclagen mag'. — Ibid. Copialbuch 548,102. — Art. 1
Schluss, art. 2-3 bei Schilter, Institutionum juris publici Romano-Germanici
tom. 1 'Strassburg 1697', 63 ohne Nennung des Namens. Wiener 64 nr. 71.
Wir Ruprecht etc. bekennen und tûn kunt offenbar mit diesem
5 briefe: daz Lewe Colner[1] unser Jude und camerknecht, zu dieser
zit zu Wurczpurg gesessen, unserr majestad furbracht hat, wie daz
Senffte Judinne von Heidingesfelt, Josemann ir bruder und etliche
andere, die mit in daran gewest sint, den obgenanten Lewe Colner
understânden haben umbe lip, ere und gût zu bringen, als von wegen
10 daz die obgenante Senffte Judinne in geschuldiget habe, daz er sie
genoczoget wollte han, daran ime unrecht gescheen si, als sich das
mit warheit erfünden habe. Und der vorgenante Lewe Colner hat uns
flisslichen angeruffen und gebeten, ime zu gonnen, daz er die
obgenante Senffte Judinne von Heidingsfelt, Joseman iren bruder
15 und alle die, die in den sachen mit in daran gewest sin, vor ire
Judischen meister moge anclagen und erfolgen, ime umbe die vor-
genante geschichte karúnge[2] und wandel zu tûn nach billichen dingen.
[1] Des haben wir ime gegonnet und erleubet, die vorgenante Senffte
Judinne, Joseman iren bruder und alle die, die in den sachen mit
20 in daran gewest sin, vor ire Judischen meister anzusprechen und
zu clagen und sie auch darumbe zu banne zu bringen, ob er daz
an sinen Judischen meister haben mag. [2] Und ob er sie also zu banne
bringen wirdet, so wollen wir sie uss dem banne nit lassen noch
den Judischen meistern, die sie zu banne tûn werdent, gebieten, sie
25 darüss zu lassen, ane dez vorgenanten Lewe Colners wissen und willen.
[3] Were 'z auch daz die Judischen meister dem vorgenanten Lewe
Colner dez rechten in den sachen nit helfen wolten, das sal er wider
an uns bringen, so wollen wir im selber helfen. [4] Auch sal der vor-
genante Lewe Colner die obgenante Senffte Judinn, Joseman iren
30 bruder und alle die, die mit in der sachen zu schaffen hant, uss
der ansprache nit lassen, sie haben ime dann ein redeliche besse-
runge darumbe getan. [5] Und was sie zu besserunge tûn werdent, das
sol uns der obgenante Lewe Colner halbs antwurten und werden
lassen ane alle geverde. Urkunde diss briefs versigelt mit unserm'
35 kuniglichem anhangenden ingesigel, datum Heidelberg sabbato ante
dominicam oculi anno domini M°CCCC sexto, regni vero nostri anno
sexto.

Ad mandatum domini regis
Joha*nnes* Winheim.

40 [1] Unter Sigi*s*mund kgl. Steuerbote. [2] Schadenersatz: Lexer, Mhd. Hwb. 1,1558.

44. *K. Ruprecht sagt den Juden Seligmann zu Mergentheim, sowie dessen Frau, Kinder und Schwiegermutter, aller Ansprüche ledig. 1406 Mai 3 Heidelberg.*

Aus Karlsruhe, Landesarchiv: Pfälz. Copialbuch 467,101 mit der Überschrift 'Verzihunge, als Seligman der Jude zu Mergentheim min herren verfallen 5 was etc.' — Ibid. Copialbuch 548,104.

Wir Ruprecht etc. bekennen etc.: Als Seligman[1] Jude gesessen zu Mergentheim, Jachant sin wipe und sine kindere und Pewrlin sin swieger von wegen Jacobs und Mosse Juden siner sweger und ir helfere in den Jüdischen banne kommen und getan und dorinn uber 10 drissig tage gelegen sint, darumbe sie uns als eim Romischen kunige mit lib und gute verfallen[2] gewest sint, das derselbe Seligman von sinen und der egenanten sins wibes, siner kinder und swiger wegen an unser gnade darumbe komen ist und das wir auch in, dieselben sin wibe, sin kindere und swiger durch bete willen des erwirdigen 15 Conrats vom Eglolffstein meister Dutsches ordens in Dutschen und Welschen landen begnadet haben und haben uf soliche vorgenante verfallen gnediclich verziegen und verzihen in craft diss briefs und meinen und wollen, das dieselben Seligman, sine wibe, kindere und swiger dorumbe weder von den unsern noch nieman anders furbass- 20 mere angelanget, angesprochen, bekummert oder geleidiget sollen werden in dehein wise. Mit urkund diss briefs versigelt mit unserm kunig-lichen ufgetrucktem ingesigel, datum Heidelberg in die invencionis sancte crucis anno domini M°CCCC sexto, regni vero nostri anno sexto.

Johannes Winheim.   25

45. *K. Ruprecht bevollmächtigt Hartung von Egloffstein, alle im Banne befindlichen Juden in und um Nürnberg zu richten und zu strafen. 1406 Juni 21 Heidelberg.*

Aus Karlsruhe, Landesarchiv: Pfälz. Copialbuch 467,101ᵛ mit der Überschrift 'Daz Hartung von Egloffstein alle bennige Juden umbe Nuremberg recht-30 fertigen sal von der pene wegen etc.' — Ibid. Copialbuch 548, 104·5.

Wir Rûprecht etc. bekennen offenbar mit diesem briefe: das wir Hartung vom Eglofistein ritter dem alten, unserm amptmanne

[1] Identisch mit Seligmann von Mergentheim, den Bischof Johann von Würzburg 1407 März 16 zu seinem Leibarzte annimmt?: Heffner, Die Juden in Franken Beil. D. 35 Wiener 164 nr. 424.

[2] Auch die Juden, die mit ihm Gemeinschaft hatten, verfielen der Strafe. 1406 Nov. 29 Heidelberg erlaubt Ruprecht dem Bischof Johann von Würzburg, Würz-burger Juden, die mit unserem Seligmann und dem gleichfalls gebannten Wölfflin verkehrt hatten, zur Strafe zu ziehen und das Strafgeld einzunehmen: Chmel nr. 2237. 40 Wiener 64 nr. 68.

3*

zum Rotenberge und lieben getruwen, unser folle gewalt und ganze
macht geben haben und geben ime die auch in craft diss briefs,
alle und igliche bennige Juden zu Nuremberg und in sechss milen
wegs da-umbe gesessen hinder herren oder stedten, wo die dann ge-
5 sessen sint, von unsern und des richs wegen zu rechtfertigen und
zu straffen von solicher pene wegen, als sie dann uns verfallen sint,
und auch mit in darumbe von unser wegen zů tedingen und zu
uberkommen. Urkund diss briefs versigelt mit unserm kuniglichem
anhangendem inges*igel*, datum Heidelberg feria secunda post festum
10 corporis Christi anno ejusdem millesimo quadringentesimo sexto,
regni vero nostri anno sexto.

Ad mandatum domini regis
Jo*hannes* Winheim.

**46. K. Ruprecht befiehlt den Juden in Sachsen, den goldenen Opfer-
15 pfennig und die gewöhnliche Judensteuer, die trotz dem früheren kgl. Be-
fehle bisher nicht gezahlt worden seien, wie bereits befohlen, an die Herzöge
Bernhard und Heinrich von Braunschweig-Lüneburg zu entrichten. 1406
Juli 30 Heidelberg.**

Aus Karlsruhe, Landesarchiv: Pfälz. Copialbuch 467,102 mit der Überschrift
20 'Das herzog Bernhart und Heinrich von Brunsswig die gulden opferpfennige
und ᵃ Judensture von den Juden zu Sahssen innemen sollen etc. — Ibid.
Copialbuch 548,106.

Wir Ruprecht etc. enbieten allen und iglichen Júden in dem
lande zu Sachsen gesessen unsern camerkechten unsern gunste und
25 furderúnge. Als wir vormals[1] den hochgebornen Bernhard und Hein-
rich herzogen zu Brúnswig und zů Lunenburg unsern lieben oheimen
und fursten umbe danknemer nutzlicher und getruwer dienste willen,
die sie uns und dem riche dicke nützlichen getan hant und auch
furbaz tun sollent und mogent in kunftigen ziten, in unsern offen
30 besigelten briefen, die wir in under unser majestad inges*igel* geben
haben, enpfolhen und erleubet[b] han, den gulden opferpfennig und die
gewonliche stűre von unsern und des richs wegen jerlichen von uch
ofzuheben und inzůnemen und auch das halbteil davon uns und dem
riche eins iglichen jars zu antwerten, als dann dieselben unsere briefe
35 usswisent, des hant uns die obgen*anten* unsere oheimen herzog Bern-
hard und herzog Heinrich furbracht, wie daz ir in soliche gulden

a Folgt gestrichen 'halb'. b) Zwei schräg liegende Punkte über dem zweiten e nicht
berücksichtigt.
[1] 1403 Febr. 5 Nürnberg: Chmel nr. 1418. Mone in Ztschr. f. d. Gesch. d.
40 Oberrheins 9,279 zum 29. Jan., Wiener 59 nr. 36 und S. 256-57.

opferpfennig und stûre zu reichen und zu antwurten bissher sûmig
gewest sint und in der nit gereichet habent. Herumbe so heissen
und gebieten wir ûch sament und besunder vesticlichen und ernst-
lichen in craft diss briefs, das ir soliche gulden opferpfennige und
stûre, die ir uns und dem riche bissher versessen und nit geben hant 5
und auch hinfur schuldig werdent zu geben, den obgenanten unsern
oheimen herzog Bernhard und herzog Heinrich von unsern und des
richs wegen genzlichen reichent, gebent und bezalent, alz liebe uch
unsere hulde si und unser und des heiligen richs swere ungnade zu
vermiden und darzû soliche pene, die ir uns darumbe verfallen werdent 10
und wir auch von uch haben wollen, wo ir uch hinvor uns und dem
riche die vorgenanten unsere zinse den gulden opferpfennig und stûre
zu geben ungehorsam bewisetent und uch frevenlichen darwider setztent,
die zu reichen und zu bezalen, als vorgeschriben stet. Urkunde diss
briefs versiegelt mit unserm kuniglichem ufgetrucktem ingesigel, geben 15
zu Heidelberg nach Crists geburte XIIIIᶜ jare und darnach in dem
sechsten jare am nehsten fritag nach sant Jacobs des heiligen zwolf-
botten tag, unsers richs in dem sechsten jare.

Johannes Winheim.

47. *K. Ruprecht an die Juden zu Frankfurt: den Meister Susslin,* 20
früher in Würzburg, anzuweisen, dass er dem Bischof Johann von Würz-
burg binnen vier Wochen Genugthuung leiste. 1406 Sept. 3 Heidelberg.
Eingeschaltet in nr. 54.

Wir Ruprecht von gots gnaden Romischer kunig zu allen ziten
merer des richs enbieten allen und iglichen Juden unsern camerknechten 25
in unser und des richs stad zu Franckfurd wonende unser gnade und
tun uch kûnt mit diesem briefe: daz uns der erwirdige Johanns bischof
zû Wirczpûrg unser und dez richs furste und lieber getruwer furbracht
hat mit clage, wiewol daz einer siner Juden genant Susslin[1] ein Judischer
meister, der under ime gewonet habe, an im und sinem stifte als 30
grobelich gefrevelt und etwevil siner Juden gescheczt und den gelte
wider rechte abgenomen habe, das er in, nach dem und ime das mit
redelicher kuntschaft furkommen, was darumbe angelanget und fur
andern Juden zu rede geseczt und zu dem rechten gestellet habe, und
wiewol ime derselbe Sûsslin darumbe verfallen si, iedoch so si er 35
ime und sinem stifte darnach abetrunnig worden[2] und habe daruber
ubel von ime geschrieben. Wann nû derselbe Susslin unser und des

---

[1] Siehe nr. 29.   [2] Susslin wandte sich nach Frankfurt, daher Ruprechts
Schreiben an die Frankfurter Juden; siehe auch die folgenden Urkk.

richs camerknecht ist und uns der egenant Johanns darumbe angeruffen
hat, denselben Susslin darzu zu bringen, das er ime das wandel nach
mugelichen dingen, und wann uns nit zu gestatten ist, das der egenant
Susslin einen solichen unsern und des richs fursten also leidige,
5 darumbe gebieten wir uch ernstlichen und vesticlichen mit diesem
brief, daz ir denselben Süsslin darzü wisen sollent, das er dem egenanten
Johansen soliche vorgenant schriben und anders, das er wider in
getan hat, in den nehsten vier wochen nach datum diss briefes kom-
mende wandel und unverzogenlichen abetrage, als lieb ime si unser
10 und dez riches swere ungnade zu vermiden. Wann dete er des nicht,
würde uns der egenant Johans furbas darumbe anrüffen, so möchten
wir nit gelassen, wir müssten ime von dem egenanten Susslin eins
glichen wandels helfen, nach dem und sich das alsdann heischen
würde. Datum Heidelberg feria sexta ante festum nativitatis beate
15 Marie virginis gloriose anno domini millesimo quadringentesimo sexto,
regni vero nostri anno septimo.

48. *Bischof Johann von Würzburg an Frankfurt: seinen Juden
Meister Susslin, der nach Frankfurt gezogen sei, nicht in der Stadt zu
behalten.* *[1406] Sept. 9 Würzburg.*

20   Aus Frankfurt, Stadtarchiv: Ugw. E 56, J 4 or. ch. c. sig. in verso impr. del.

Johanns von gots gnaden bischoff tzu Wirtzburg.

Unsern fruntlichen grus tzuvor. Ersamen lieben besundern. Uns
ist furkomen, wija einer unser Juden genant Susslin ein Judischer
meister sich bij euch hat niderlassen und hinder euch getzogen sey. Bitten
25 wir euch mit gantzem flisse und ernste, daz ir durch unsern willen
denselben Susslin bij euch nicht enhalten in ewer stat, wann er so
groblich an uns gefrevelt und uns an unser ere gerett und geschriben
hat, daz wir im nicht mugen faren lassen, wir mussen in dartzu bringen,
daz uns ein wandel von im geschehe. Und getruwen euch besunder
30 wol, wir sin euch lieber dann derselbe Jude, und bewisent uns willen
hirinn, daz wollen wir in semlichen und merern sachen gern umb
euch verschulden. Wann waz wir euch tzu liebe und fruntschafft
getun mochten, dartzu weren wir alltzijt geneiget. Geben tzu Wirtz-
burg am dunrstag nach nativitatis Marie. Uwer geschriben antwurt
35 bij diesem botten.

[in verso] Den ersamen wijsen burgermeistern und dem rate der stat
tzu Franckenfurt unsern lieben besundern.

ai So.

49. *Meister Israel von Nürnberg, der in Rothenburg aufgenommen wird, gelobt der Stadt Treue. 1406 Sept. 17 [Rothenburg].*

Aus München, Reichsarchiv: Rothenburg Reichsstadt, Litteralien S¹/₂ f. 42 or. mb. — Bespr. Bresslau in Ztschr. f. d. Gesch. d. Juden in Deutschl. 3,323 mit Abdruck der hebr. Unterschriften.   5

Ich meister Ysrahel[1] der Jude von[2] Nurenberg bekenne offenlich mit dieser schriefft, das ich mit dem rate der stat tzu Rotenburg uff der Tawber mit gutem willen vereint und irr stat recht als ander irr burger gelobt han tzu halten, die weil ich lebe. Also waz der rate oder der mererteil dez rates uberein werden, daz ich dez gefolgig und 10 gehorsam wil sin mit guten truwen, die wile ich bij in sitze und wone. on geverde, und daz ich irr stat fromen sol werben und iren schaden warnen, die wile ich lebe, on geverde. Und wann ich von irr stat faren wil, daz ich dann furbaz, die weile ich lebe, recht sol nemen in irr stat vor dem rate von allen den, die in steen zu versprechen, 15 *ez were denn daz mir daz recht geverlichen vertzogen wurde[3]; und sol daz nemen von Cristan und Juden on geverde.[4] Und der vorgeschriben stucke tzu warem urkunde han ich vorgnant Ysrahel dem erbern manne hern Heinrichen dem Toppler zu disen tzijten burgermeister zu Rotenburg mit hantgeben[5] truwen gelobt, diese stucke war 20 und stet zu halten. Und han auch disen brieff mit min selbs hant noch Judischer gewonheit getzeichent mit Judischer schriefft, mich dieser ding aller zu besagen an allen enden, wo daz not geschicht, on geverde. Und habe auch gebeten Liephun[6] von Geylenhusen und meister Veydel[7], die Juden zu Rotenburg, daz sie diesen brieff zu getzugnisse mit irr 25 hant noch Judischer gewonheit auch getzeichent haben mit Judischer schriefft, dez wir die yetzgenanten zwen Juden also bekennen. Geben

---

[1] Siehe die Einleitung. [2] Bresslau l. c. irrig 'zu'. [3] Diese Klausel fehlt in den anderen gleichartigen Reversen der Rothenburger Juden.

[4] Damals war Israel noch nicht zum obersten Hochmeister der deutschen 30 Juden ernannt. Es geschah dies erst 1407 Mai 3 Nürnberg: Chmel 224-25. Schaab, Diplom. Gesch. d. Juden zu Mainz 113-16 aus Chmel. Wiener 71-73. RTA 6,168.

[5] Die übrigen Rothenburger Juden leisten an Stelle dessen einen Eid auf die Thora Pentateuch, dafür bedürfen ihre Reverse auch nicht der Zeugenunterschrift, wie diese unsere Urk. aufweist. Die Verpflichtung durch Handschlag zeigt 35 die angesehene Stellung des Rabbiners.

[6] Bresslau l. c. 320 f., 325 ff. In der Steuerliste von 1414 heisst er Liebhan (nicht Liebhun, wie irrig bei Bresslau 328 f.).

[7] Identisch mit dem Juden Veyfel, der 1399 Juli 1 in Rothenburg aufgenommen wurde. Sein Revers bei Bresslau l. c. 320, doch ist er dort nicht als 'meister' be- 40 zeichnet. 1401 begegnet er uns als Wyflin von Uffenheim: Bresslau 226₇.

da man zalt nach Christz geburt viertzehen hundert und sehs jare am
fritag nach dez heiligen crutz tag, als ez erhaben wart.

[I]¹ *Ich habe auf mich genommen alles,*
was oben geschrieben ist. So spricht der
geringe Israel, Sohn des R. Isaac s. A.
[II] *Jakar, Sohn des heiligen gelehrten*
R. Isaac halevi.
[III] *Elieser, Sohn des R. Joseph s. A.,*
Liephun.

[I]ᵃ קבלתי עלי כבל הנ״ל ני הצ״ב ישר
ב״ר יצחק חי״ל וז״ל

[II]ᵈ יקר בהקהחם יצחק הלוי

[III] אליעזר ב״ר יוסף ז״לא ליפהן

10   **50.** *Frankfurt an Bischof Johann von Würzburg: sie haben infolge*
des bischöflichen Schreibens dem Judenmeister Susslin das Geleit aufgesagt.
1406 Sept. 22 [Frankfurt].

Aus Frankfurt, Stadtarchiv: Ugw. E 56, J 4 conc. ch., mit gleichzeitiger Notiz
in verso von der Hand desselben Schreibers 'Wirczbürgʰ : meister Susslin,
15   im unere² erboden'.

Unsern undirtenigen willigen dinst mit allem flisse zůvor. Er-
wirdiger lieber gnediger fürste ⁱ und herre. Als uwer gnade uns
geschr*iben* hat³ von Susslins des Judenmeisters wegin, der an uwern
gnaden groblich gefrevelt habe etc., biden wir uwer gnade wissen:
20 daz derselbe Süsslin *eczlichen tagᵏ zů Franckenfurd nit gewest ist.
Dann als balde er herkommet istˡ, so hanᵐ wir in zů stůnt virbodet
und uwern gnaden zů eren und zů dinste ime tůn sagen, daz er sich
von hinnen mache, dann wir sin bi uns nit habinⁿ wůllen. Wand
waz wir wisten, daz uwern furstlichen gnaden und wirdekeiden dinst
25 und behegelich were, daz teden wir mit willin gerne. Datum *in
crastinoᵒ Mathei anno XIIIIᶜ VIᵒ .

[in verso] Dem erwirdigen fursten und herren   Von uns dem rade
hern Johann bischof zů Wirczburg unserm   zů Franckenfurd.
liebin gnedigen herren de*tur.*

30   **51.** *Erzbischof Johann von Mainz an Frankfurt: dem Judenmeister*
Susslin bis zum 1. Mai wieder Geleit zu geben. 1406 Okt. 8 Aschaffenburg.

a) Ich gebe die Zeilenverteilung der ersten Unterschrift wie in der hdschr. Vorlage.
Obgleich noch reichlich Raum vorhanden ist, hat Israel nach seinem Vornamen
(mit dem er öffentlich bekannt war) die Zeile abgebrochen und den Namen des Vaters
35   in die zweite Zeile gesetzt. Israels Handschrift ist, mit den übrigen Unterschriften
verglichen, besonders klein. b) Bresslau irrig : 'הרי c) Den bald schrägen bald ge-
krümmten Abkürzungsstrich gebe ich hier und weiter da, wo er die Kürzung von
zwei und drei Worten andeutet mit '' wieder. d) Nach Israels Unterschrift ist
vor der der Zeugen auch in Hs. ein Raum gelassen. e) So. f) Hier so. In seinem
40   Reverse fügt Veydel (Veyfel) noch die Racheformel 'ד״ ה hinzu. g) In Hs. über
beiden Buchstaben je ein Punkt.
h) i In Hs. Punkt über h. k) Über gestrichenem 'zů dieser zid'. l) Herubergeschrieben.
m) Über gestr. 'wollin'. n) Über gestr. 'liden'. o) Über gestr. 'dominica ante' [Sept. 19].
¹ Die hier folgenden deutschen Unterschriften sind als Übersetzung der in der
45 Hs. stehenden hebräischen (siehe rechts) von mir hinzugefügt. ² Unehre. ³ Nr. 48.

Aus Frankfurt, Stadtarchiv: Ugw. E 56, J 4 or. ch. c. sig. in verso impr. del.

Johann ertzbischoff zu Mentze.

Erbern lieben besundern. Uns hait furbracht Süsselin. der Jüdenmeister, der unser[1] Jüde und undersesse ist, wie daz ir yme solich geleit, als ir yme geben hattet, uffgesaget habet umbe bete willen unsers hern von Wirtzbürg. Begern wir und bitten uch mit gantzem ernste, daz ir dem vorgenanten unserm Jüden solich sin geleit umbe unsern willen offent und haldent zuschen hie und sand
Mai 1 Walpurge tage nehst kommet. Daran tüd ir uns grosse liebe und getruwen uch wol, daz ir uns dieser bede nit versaget, und begern ir des uwer antwurt mit diesem boten beschriben widder zü wissen. Datum Aschaffinburg feria sexta post diem beatorum Sergii et Bachi martirum anno etc. CCCC° sexto.

[in verso] Den ersamen bürgermeistern und rade zu Franckinfurd unsern lieben besundern.

Ad relationem magistri curie
H. Lupi.

52. *Frankfurt an Erzbischof Johann von Mainz: sendet Abschrift des von dem Bischof zu Würzburg wegen des Judenmeisters Susslin eingegangenen Briefes[2] und der darauf seitens Frankfurts erfolgten Antwort[3]. Hätte der Bischof von Würzburg nicht ernstlich geschrieben, so*
Mai 1 *wollten sie dem Juden gern das Geleit bis St. Walpurg oder noch länger geben. Wenn der Erzbischof wolle, so seien sie bereit, an den Bischof zu Würzburg Botschaft zu schicken* und versuchen, obe sin gnade uns gonnen wulde, den Judenmeister geleide zu gebin. *1406 Okt. 10 (dominica die post Dionisii) [Frankfurt].*

Aus Frankfurt, Stadtarchiv: E 56, J 4 conc. ch.

53. *Erbischof Johann von Mainz an Frankfurt: dem Judenmeister Susslin Geleit zu geben; die Botschaft nach Würzburg sei nicht nötig. 1406 Okt. 13 Hanau.*

Aus Frankfurt, Stadtarchiv: Ugw. E 56, J 4 or. ch. c. sig. in verso impr. del.

Johann ertzbischoff zu Mencze.

Unsern gruss zuvor. Ersamen lieben besundern. Als ir uns widdergeschreben und geantwurtet[1] hant von Susslins des Juddenmeisters wegen, der unser Juddenburger ist, wie daz unser herre von Wirczpurg uch geschreben habe, daz ir yme keine geleite sollent geben etc., und ir meynent, daz ir uwer botschafft darumbe bij yn

---

[1] Susslin hatte sich also wie früher Wolff S. 26 Anm. 2 in den Schutz des Erzbischofs begeben. [2] Nr. 48. [3] Nr. 50. [4] Nr. 52.

thun wollet, zu versuchen, abe er uch gonnen wolle, dem Judden
geleide zu geben etc., han wir verstanden und meynen, daz der bot-
schafft nit neit sij, dan unser herre von Wirczpurg uch nit zu ver-
bieden noch zu erleuben hait, ymand enicherley geleite zu geben oder
5 zu versagen. Herumbe so bitten wir uch aber, daz ir deme ege-
nanten unserme Judden eine geleite bij uch geben wollet, als wir uch
vorgeschreben han. Dann wir sin zu gliche *und rechteᵃ wol mechtig
sin und getruwen uch wol, daz ir uns diess nit versaget. Uwer
beschreben antwurte begern wir widder mit diesemᵇ boten. Datum
10 Hanawe feria quarta ante diem beati Kalixti pape et martiris anno
CCCCᵒ sexto.

[Cedula] Auch so meynet der Judde egenant, selber mûntlichᶜ
mit uch von den sachen redden. Bitten wir uch, daz ir yn verhoren
wollet und daz beste darin thun. Datum ut supra.

15   [in verso] Den ersamen burgermeisternᵈ und raite zu Franckinfurdᵉ
unsern lieben besundern.

54. *K. Ruprecht befiehlt allen Juden des Reichs, den Juden Susslin*
aus ihrer Gemeinschaft auszuschliessen, bis dieser dem Bischof Johann
von Würzburg Genugthuung leiste. 1406 Nov. 18 Schweinfurt.

20   Aus Wien, H. H. Staatsarchiv: Registraturbuch C, 217 mit der Überschrift 'Das
min herre dem bischof von Wirczpurg eins wandls helfe von Susslin dem
Juden'. — Reg. Chmel nr. 2222. Wiener 64 nr. 67. Die inserierte Urk.
ist von Wiener 1. c. und 63 nr. 65 irrig zum 4. Sept. datiert.

Wir Ruprecht etc. enbieten allen und iglichen Juden unsern
25 und des richs camerknechten in unsern und des heiligen richs landen,
stetten und gebieten wonende unser gnade und tûn uch kûnt
mit disem briefe: das wir allen und iglichen Juden in unser und
des richs stad Franckfurd gesessen vormals geschriben und gebotten
haben, als dieser nachgeschriben brief inne heldet, der also ludet:
30 [Folgt Urk. Ruprechts 1406 Sept. 3 Heidelberg: nr. 47] Wann uns nû
der vorgenant Johanns furbracht und geclaget hat, wiewol der vor-
geschriben unser brief und gebotte den egenanten Juden zu Franck-
furd, daselbs hin sich der egenant Susslin nach dem und er im
abetrunnig ward, als vor begriffen ist, gezogen hatte, zu rechter zite
35 geantwurt und verkundet sin, also daz das demselben Susslin furkommen
und zu wissen worden si, und wiewol der vorgenant Johans mere

a) In Hs. herubergeschrieben. b) Hs. 'dies' mit dem unteren Abkürzungshaken am
langen s. c) In Hs. Punkt über u. d) e) Über u jedesmal dunner Kreis,
schwerlich o.

dann achte wochen dornach gebeitet[1] habe, obe ime der vorgenant Susslin
solichs obgenant schriben und anders, das er wider in getan hat,
wandeln und nach lûte unsers vorgeschrieben briefes und gebotte abe-
tragen wolte nach mügelichen dingen, doch so habe derselbe Susslin
das nit getan und si auch domit solichem unserm gebotte frevenlichen 5
und mutwilliclich ungehorsam gewesen, und wann uns der vorgenant
Johans aber ernstlich angeruffen hat, das wir ime von dem vorgenanten
Süsslin eins glichen wandels helfen als billich si, siddemmale und
derselbe Susslin unser kamerknechte si und wann uns das, nach dem
und derselbe unser camerknechte unser vorgenant gebotte versmehet 10
und dem ungehorsam gewest ist, billichen sin dünket, dorumb von
Romischer kuniglicher maht und gewalt gebieten wir uch obgenanten
allen und iglichen Juden unsern kamerknechten in unsern und dez
richs landen, stetten und gebieten wonenden ernstlich und vesticlich
mit diesem brief bi unsern und des richs hulden, das ir den vorgenanten 15
Suslin unsern ungehorsamen camerknecht mit allerlei gemeinschaft, ez
si husen, hofen, essen, trinken, reden, gen und sten oder wie die genant
ist, furbaz mer miden und alle die uwern miden heissen sollen, als
vil und als lange biss das er in unser gnade wider komen und dem
egenanten Johansen von der obgeschriben sache wegen genzliche genüg 20
getan hat[2]. Wann weliche oder welicher des nit deten oder dete, die
und der wurden und wurde darumb in unser und dez richs swere
ungnade verfallen, und wolten auch die und den darumb straffen lassen,
als recht were. Orkund diss briefs versigelt mit unser kuniglicher
majestad anhangendem ingesigel, geben zu Swinfurd nach Christi geburte 25
vierzehenhundert und in dem sechsten jare of den nehsten dunrsdag
vor sant Elizabeth tag, unsers richs in dem sibenden jare.

55. *K. Ruprecht an Frankfurt: den Juden Symelin in Frankfurt
frei wohnen zu lassen und ihm forderlich zu sein. 1406 Dez. 14
Heidelberg.*   30

Aus Frankfurt. Stadtarchiv: Kaiserschreiben 1,260 or. ch. c. sig. in verso impr.
del., mit gleichzeitiger Notiz in verso 'Unser herre der konig, Symlin Jude
frij hie zu lassen'.   Reg. Janssen. Franklurts Reichscorrespondenz 1.134
nr. 311. Verz. Inventare des Frankfurter Stadtarchivs 3,59.

Ruprecht von gotes gnaden Romischer kunig zu allen ziten 35
merer des richs.

[1] Gewartet: Lexer, Mhd. Hwb. 1,161 s. v. beiten. [2] Das hat schliesslich Susslin
auch gethan. 1407 Juni 28 Mergentheim nimmt Rupr. deshalb die Eximierung Meister-
Susslin zurück: Chmel nr. 2325. Gedr. Mone in Ztschr. f. d. Gesch. d. Oberrheins 9,260.

Lieben getruen. Uns ist furbracht, das Symleyn Jude unser camerknecht entworter diss briefs hinder dem erwirdigen Johan erczbischoff zu Mencz ettwevil zite zu Seligenstat gewonet hab und daselbs mit gefenkniss und andern dingen also besweret sij, das er 5 verderplichen schaden dorumb geliden und nit willen habe furbass daselbs zu beliben, sunder sich hinder uch wesenlich zu seczen. Wann nu demselben Symelin solich gefenknuss und schade durch Meyers[1] Juden, der sin bruder und unser Jude und camerknecht ist und uns den guldin oppferphenning, der uns von des richs wegen zuhort, insamet, 10 geschehen ist, als wir vernomen haben, und wann sin derselb Meyer zu solichem insamnen ouch wol bedarf, wann er alle stete, do Juden siczen, allein nit wol ussgeriten möge, dorumb begeren wir von ewern trewen, das ir den egenanten Symelin bij uch frij siczen lassen und im gunstig und furderlichen sin wollet durch unsern willen. 15 Daran tut ir uns sunderlich beheglikeyt. Geben zu Heidelberg des nechsten dinstags nach sant Lucie tag anno etc. CCCC sexto.

[in verso] Unsern lieben getruen   Ad mandatum domini regis
dem rate unser und des heiligen   Emericus de Mosschel.
richs stat zu Frankfurt.

20 **56.** *K. Ruprecht thut Isacks Mutter, dessen Witwe und Kindern bis auf Widerruf die besondere Gnade, dass sie von Juden nach jüdischem Recht nur vor Meister Jsrael gerichtlich belangt werden können. 1407 Juni 20 Heidelberg.*

Aus Karlsruhe, Landesarchiv: Pfälz. Copialbuch 467,112[r] mit der Überschrift
25 'Das Isacks mutter etc. fur nimant zu recht sal stan dann fur meister Is-
rahel etc.' — Ibid. Copialbuch 548,115-16. — Extr. Schilter, Institutionum
juris publici Romano-Germanici tom. 1,63. Wiener 65 nr. 76 irrig zum 3. Mai.

Wir Ruprecht etc. bekennen etc.: das wir den frauwen Isacks[2] müter, siner witwen und kinden unsern und des richs camerknechten 30 die besunder gnade getan und friheid geben haben, ob dcheine ander Jude oder Judinne an sie sementlichen oder sunderlichen icht zu sprechen hetde oder gewunne, das sie dem fur meister Israhel unserm camerknecht nach Judischem rechten zu recht sten und sust fur keinen andern Judischen meister gefordert noch[a] geheischen werden sollen biss uf unser widerrüffen; wann wir den obgenanten meister Israhel darzu geseczet haben[3], soliche sachen under[b] der Judischeit zu rechtfertigen von unsern wegen. Orkund diss briefs versigelt mit unserm kunig-

---

a) Hs. 'nach'.   b) Hs. 'und' ohne Haken am d.
[1] Meyer von Cronberg: nr. 11.   [2] Isaac von Oppenheim?: nr. 20.   [3] Siehe
40 S. 39 Anm. 4 und die Einleitung.

lichen anhangendem ingesigel, datum Heidelberg feria secunda ante Johannis Baptiste anno domini M°CCCC septimo, regni vero nostri anno septimo.

57. *K. Ruprecht befiehlt, dem jüdischen Meister Israel förderlich zu sein und ihm, seinen Knechten und Dienern Geleit zu geben. 1407 Juni 22 Heidelberg.*

Aus Karlsruhe, Landesarchiv: Pfälz. Copialbuch 467, 112 mit der Überschrift 'Daz man meister Israhel Juden furderlich si etc.' Ibid. Copb. 548, 116.

Wir Ruprecht etc. enbieten allen und iglichen unsern und des heiligen richs kurfursten und andern fursten, geistlichen und werntlichen, graven, frien herren, dinstluten, rittern, knechten, amptluten, zollnern, richtern, burgermeistern, reten und gemeinden und sust allen andern unsern und des richs undertanen und getruwen, den dieser brief gezeuget wirdet, unser gnade und allez gut. Und tun uch kunt mit disem briefe: das wir Israhel dem Judischen meister unserm camerknecht zeuger diss briefs bevolhen und in auch darzu gesetzt haben, alle unredelich sache under der Judischeit zu rechtfertigen nach usswisunge des briefs, den wir ime mit unser kuniglichen majestat ingesigel versigelt daruber geben haben[1], und begern darumbe von in allen und ir iglichem mit ernste und gebieten auch allen und iglichen unsern und dez richs undertanen, amptluten und getruwen, nemlich unser und des heiligen richs stetten, vesticlich mit diesem briefe, daz sie dem egenanten meister Israhel solichen sachen von unsern wegen nachzugen furderlich und beholfen sin und in daran nit hindern wollen und auch in und sin knechte und diener geleite geben und geleit schaffen, als dicke er dez begert, umbe unsern willen und uns zu liebe. Daran bewiset uns ein iglicher sunderlich behegelichkeit. Orkund diss briefs versigelt mit unserm kuniglichen anhangenden ingesigel, geben zu Heidelberg nach Christi geburte XIIII^c und darnach in dem sibenden jare uf den mitwoch vor sant Johans Baptisten tag, als er geporn wart, unsers richs in dem sibenden jare.

Johannes Winheim.

58. *K. Ruprecht befiehlt, dem Jacob, Schreiber des jüdischen Meisters Israel, förderlich zu sein und ihm Geleit zu geben. 1407 Juni 27 Heidelberg.*

Aus Karlsruhe, Landesarchiv: Pfälz. Copialbuch 467, 112ᵛ mit der Überschrift 'Ein gleitsbrief Jacob, meister Israhels knecht etc.' — Ibid. Copialbuch 548, 117.

[1] Siehe S. 39 Anm. 4 und die Einleitung.

Wir Ruprecht etc. begern und gesinnen an alle und igliche, den diser brief furkommet: daz sie diesen geinwertigen Jacob, Israhels des Judischen meisters unsers camerknechts schriber[1], in den sachen und. gescheften, die wir dem obgenanten meister Israhel besvolhen haben und darinne er in furbaz schicken und senden wirdet, gutlichen handeln, im furderlich und beholfenlich darin zu sin und in auch geleiten und geleidet schaffen, wo oder wann er dez begert, umbe unsern willen und uns zu liebe. Daran bewiset uns ein iglicher sunderlich behegelichkeit. Orkund diss briefs versigelt mit unserm
10 kuniglichen anhangenden ingesigel, datum Heidelberg feria secunda post festum nativitatis beati Johannis Baptiste anno etc. CCCCVII, regni septimo.

Johannes Winheim.

In derselben forme ist geben ein gleitbrief Meyer[2], Israhels
1. knecht etc.

59. K. *Ruprecht bestätigt dem Grafen Friedrich zu Öttingen und dessen Bruder [Ludwig], die nachgewiesen haben, wie daz die Juden* unser camerknechte in den zwein unsern und dez heiligen richs stetden zu Ulme und zu Nordelingen gesessen vor ziten sinen alt-
20 furdern und iren erben von unsern furfaren an dem riche Romischen keisern und kunigen mit allen rechten und nützen, die in und dem riche von denselben Juden gefallen mochten, fur ein summe gelts ingesetzt[3] worden sin und daz auch sin bruder und er dieselben Juden also allewegen bissher ingehabt und auch noch inhaben[4] nach
25 lute und usswisunge der briefe, die dann sinen altfurdern von unsern forfaren an dem riche Romischen keisern und kunigen vor ziten darüber geben worden sin, *für treue Dienste die Pfandschaft der Juden nütze und rechte in den Reichsstädten Ulm und Nördlingen. Befehl an*

[1] Ein anderer Schreiber Israels 'Salman der Jude, des Judenhochmeisters
30 schreyber' wurde 1408 Aug. 17 in Rothenburg aufgenommen : Bresslau in Ztschr.
f. d. Gesch. d. Juden in Dtschld. 3,321.

[2] Wohl gleichfalls Schreiber. Die vom Registrator gebrauchte Bezeichnung 'knecht' spricht nicht dagegen.

[3] Durch Ludwig von Baiern für 1000 Pfd. Heller 1324 Nov. 10 Werd : Böhmer. Reg. Ludw. nr. 764. Wiener 31 nr. 44: bestätigt durch Karl IV. 1347 Dez. 24 Basel : Nördlingen, Stadtarchiv cop. ch.

[4] Das Nördlinger Stadtarchiv bewahrt mehrere Quittungen der beiden Grafen über empfangene Judensteuer, darunter drei aus der Zeit Ruprechts vor Ausstellung unsrer Urk., die erste 1402 suntag nehst nach sant Martins tage [Nov. 12] 'umb
40 die gewonlichen stewr, die uns die Juden zu Nordlingen jerlichen uff sant Martins tage chuldig und verfallen sind zu geben', or. ch. e. 2 sig. intus subtus impr. del.

*die beiden Städte, den Grafen förderlich, und an die Juden daselbst, den
Grafen gehorsam zu sein* doch beheltnisse, das dieselben unser Juden
und kamerknechte zu Ulme und zu Nordelingen gesessen uns und
unsern nachkomen an dem riche Romischen keisern und kunigen
den gulden opferpfenning eins iglichen jars reichen und antwurten 5
sollen, als dann von alter herkommen ist, wann der den *obgenanten*
unsern oheimen von Otingen nit *verschriben* ist. *1407 Sept. 21 (sant
Mathias tag des heiligen zwolfboten) Heidelberg.* Ad mandatum domini
regis | Joha*nnes* Winheim.

Aus Karlsruhe, Landesarchiv: Pfälz. Copialbuch 467, 110ᵛ·11ʳ mit der Über- 10
schrift 'Als die Juden zu Ulme und zu Nordelingen den von Otingen ver-
schrieben sint etc.' — Ibid. Copialbuch 548,112. Nördlingen, Stadtarchiv:
Fasc. Judensteuer cop. ch.

60. *K. Ruprecht beglaubigt seinen Schreiber Warmund bei Frank-
furt wegen eines die Juden betreffenden Briefes. 1407 Dez. 23. Alzey.* 15

Aus Frankfurt, Stadtarchiv: Kaiserschreiben 1,279 or. ch. c. sig. in verso impr.
del., mit gleichzeitiger Notiz in verso 'Unser herre der konig Warmunt
Juden'. — Verz. Inventare des Frankfurter Stadtarchivs 3,60.

Ruprecht von gotes gnaden Romischer kunig zu allen zijten
merer des richs.   20

Lieben getruwen. Wir senden zu uch diesen geinwurtigen Jo-
hannem Warmund unsern schriber und lieben getruen, ettwas an uch
zu werben von eins Judischen briefs[1] wegen, und begern von uch mit
ernste, was er uch zu diesem male davon sagen werde, das ir yme
des glauben und auch dorczu tun sollent, das uns der egen*annte* brieff 25
werde. Das ist uns von uch wol zu dancke. Datum Alczey sexta
feria ante festum nativitatis domini MCCCCVII, regni vero nostri anno VIII.

[in verso] Unsern und des richs   Ad mandatum domini regis
lieben getruen burgermeister   Job Vener utriusque juris doctor.
und rate zu Franckfurd.   30

61. *K. Ruprecht sagt den Juden Coppelmann zu Nürnberg, sowie
dessen Mutter und Schwester, aller Ansprüche ledig. 1408 März 2 Heidelberg.*

Aus Karlsruhe, Landesarchiv: Pfälz. Copialbuch 467,117 mit der Überschrift
'Als Coppelman Jude zu Nuremberg solicher frevel, die er getann hat, ledig
ist gesaget etc'. — Ibid. Copialbuch 548, 123·24.   35

Wir Ruprecht etc. bekennen etc.: Als uns Copelman[2] Jude unser
camerknecht gesessen zu Nuremberg von des Judischen bannes und
anderer frevel wegen, die er wider unser kuniglicher majestat brief

---

[1] Um was für einen Brief es sich handelt, habe ich nicht ermitteln können.
[2] Siehe die Einleitung.   40

und gebotte getan hat, verfallen gewest ist und als uns Secklin Judinn,
desselben Coppelmans muter, und .. sin swester[3] gesessen zu Nuremberg
auch furbracht sint, daz sie wider soliche unser majestate gebote auch
getann haben und uns darumbe verfallen sin, daz wir durch sunder-
5 licher dinste und truwe willen, die uns die burger dez rats und burger
gemeinlich der stat zu Nuremberg unser und dez richs lieben getruwen
oft williclich und nutzlich getan haben, teglichen dün und furbaz wol
getün mögen, die vorgenanten und Judinne miltiklich begnadet und
in soliche vorgenante frevele und verfallen gnediclich vergeben und
10 dorumbe von uns kommen haben lassen. Und haben si auch genzlich
und gar fur uns und unser nachkommen an dem riche quit und ledig
davon gesaget und sagen in craft diss briefs und Romischer kunig-
licher macht und wollen ouch nit, daz dorumbe die vorgenanten Jude
und Judin von unsern und dez richs wegen furbass angesprochen oder
15 angevordert werden sollen in dehein wise. Mit orkund diss briefs ver-
sigelt mit unserm kuniglichen anhangenden ingesigel, geben zu Heidel-
berg nach Crists geburte XIIII[C] und darnach in dem achten jare dez
nehsten fritags vor dem sontag invocavit, unsers richs in dem achten jare.

Johannes Kirchen[a].

20 **62.** *K. Ruprecht sagt den Juden Vyvel zu Regensburg und dessen
Schwiegersohn aller Ansprüche ledig. 1408 März 2 Heidelberg.*

Aus Karlsruhe, Landesarchiv: Pfälz. Copialbuch 467,117v mit der Über-
schrift 'Ein quitanze von der Juden Vifels und Sussmanns wegen, als die
verfallen waren.' — Ibid. Copialbuch 548,124-5.

25 Wir Ruprecht etc. bekennen[2] etc.: Als unser kuniglichen maje-
state nechste furbracht ist, das uns Vyvel Jude gesessen zu Regens-
purg unser und dez richs camerknecht von des Judischen bannes[3]
wegen verfallen gewest ist und daz Süssmann Jude dez vorgenanten
Vyvels aiden solich frevel wider unser majestat gebotde getan hat,
30 daz er uns dorumb auch verfallen gewest ist, daz wir dürch bete und
sunderliche dinste und truwe willen, die uns die erbern wisen der
rate und die burgere gemeinlich der stat zu Regenspurg unsere
lieben getruwen nützlich und williclich getan haben, teglich dün
und furbaz wol getun mogen, die vorgenanten Juden bede milticlich

---

a Hs. 'Kirhen'.
[1] Ihren Namen finde ich nirgends genannt. Schon 1391 steuert sie selbst-
ständig: Stern, Die isr. Bevölkerung der deutschen Städte 3,39.
[2] Für die Urkk. nr. 61 und 62 ist dasselbe Formular benutzt. [3] Vyvel
ist wohl der Jude, der sich nach Gemeiner, Reichsstadt Regensburgische Chronik
2,382 gegen den Judenmeister aufgelehnt hatte und von diesem gebannt worden war.

begnadet[1] und in solich vorgenante verfallen, als sie uns von dez richs wegen verfallen waren, gnediclich vergeben und dorumb von uns kommen haben lassen. Und haben si auch solichs verfallens fur uns und unser nachkommen an dem riche genzlich und gar quit, ledig und los gesaget und sagen in craft diss briefs und s Romischer kuniglicher macht und wollen auch nit, daz die vorgenanten Juden bede oder ir einer von dez vorgenanten verfallens wegen von imand, wer der si, furbaz mer angefordert oder angesprochen werden sollen in dehein wis. Mit urkund etc. ut supra [geben zu Heidelberg nach Crists geburte XIIII[C] und darnach in 10 dem achten jare dez nehsten fritags vor dem sontag invocavit, unsers richs in dem achten jare][a].

Johannes Kirchen.

63. *K. Ruprecht nimmt den Juden Coppelman zu Nürnberg, sowie dessen Mutter und Schwester, wieder in Gnaden auf. 1408 April 16 15 Heidelberg.*

Aus Karlsruhe, Landesarchiv: Pfälz. Copialbuch 467,118r 'Die Nachschrift auf 118v' mit der Überschrift 'Als min herre Copelman Juden zu Nureinberg wider zu gnaden enphangen hat'. — Ibid. Copialbuch 548,125-26.

Wir Ruprecht etc. tun künt etc.: Umbe soliche stosse, zweitracht 20 und misshellunge, als sich zwischen Israhel dem Judenmeister gesessen zu Rotemburg[2] uf ein siten und dem Coppelman Juden gesessen zu Nuremberg uf die andern siten unsern und des heiligen richs camerknechten bissher verlouffen und verhandelt haben, dorumbe der egenante Copelmann und sin muter die Secklin genant und sin swester in unser 25 ungnade von des egenanten Israhels wegen kommen und gevallen sin

a) Aus nr. 61 ergänzt.
[1] Da Ruprecht auf das Vermögen der gebannten Juden Anspruch machte, so bot der Rat als Entgelt den kgl. Räten die Summe von 500 Gld., verlangte aber ein Privileg dahin, dass inskünftig der Judenbann der Stadt gehöre. Ruprecht 30 antwortete hierauf 1408 Febr. 1 Mergentheim Gemeiner 2.382-83. Reg. Chmel nr. 2465. Wiener 66 nr. 83.: 'Wiewol uns von dem Juden zu Regensburg, der uns mit Leib und Gut verfallen ist, gar viel grössere Besserung von Rechts wegen werden sollte, ... so hätten wir es dem ehgenannten Rat und dir zu lieb bei den 500 Gld. bleiben lassen ... aber den vorgenannten Brief zu geben können wir im 35 Rat nicht finden, dass wir den geben und solch' des heiligen Reichs Recht und alt Herkommen von des jüdischen Bannes wegen verschreiben sollten oder dass es von einem Kaiser oder König bisher einem Churfürsten oder andern Herren und Städten je verschrieben sei'. Über den Ausgang der Verhandlung findet sich bei Gemeiner nichts. Die Jahreszahl daselbst 1410 ist Druckfehler für 1408. [2] Siehe 40 nr. 49.

4

und dorumbe wir unsere und dez richs lieben getruwen mit namen
den edeln Friderichen graven zu Otingen unsern hofmeister, Hansen
Gewolff vom Degenberge ritter unsern viztûm zu Amberg und Johansen
Kircheim unsern hoffschriber gein Nuremberg geschickt und in bevolhen
5 haben, dieselben stosse, zweitracht und handelunge zuschen denselben
unsern camerknechten abzetragen und sie mit einander zu berichten
und zû sunen, und also haben uns die egenanten unsere lieben ge-
truwen gesagt und zu wissen getan, wie daz sie dieselben stosse,
zweitracht und handelunge zwischen den vorgenanten unsern und des
10 richs camerknechten und auch allen den, die darinne begriffen oder
verdacht sint, gar und genzlichen verrichtet, verteidingt und abgetragen
haben, also daz alle soliche zuspruche, clage, forderunge und mutunge,
als der obgenante Israhel von unsern wegen gein demselben Copel-
mann, siner muter oder siner swester umb alle vergangen sache biss
15 uf disen hutigen tag, wie oder worumbe daz si, gemeldet und getan
hat oder getûn mochte, gar und genzlich tod und ab sin und furbaz
nummermer geandet noch geëfert werden sollen in dhein wise. Do-
rumbe so bekennen wir, daz dieselbe berichtunge und sununge also
unser gût wille und wörte ist und daz wir auch den vorgenanten Copel-
20 mann, sin muter und sin swester und auch alle die, die von derselben
sache und handelunge wegen darinne begriffen oder verdacht gewesen
sin, wider in unser kuniglich gnade genomen haben und nemen. Mit
urkund diss briefs versigelt mit unserm kuniglichen anhangenden ingesigel,
geben zu Heidelberg in dem jare, als man zalte nach Crists geburte
25 XIIII[c] und darnach in dem achten jare uf den nehsten mantag nach
dem heiligen ostertage, unsers richs in dem achten jare.

Johannes Winheim.

Item in der nechsten vorgeschriben forme ist ein brief von wort
zu worte geben den vorgenanten Juden mit der clausel vor dem 'orkund'[a]
30 zu nehste : doch das unser kuniglicher majestate briefe, die wir dem
vorgenanten [b] Israhel vormalz[1] gegeben haben, bi allen iren creften
und meinungen beliben und gehalden werden sollen ôn geverde.

Johannes Winheim.

64. *K. Ruprecht sagt Myngin, Witwe des Juden Liepman von*

35
a) Hier so. b) So in Hs.

[1] Siehe S. 39 Anm. 4 und die zweite Urk. 1407 Nov. 23 Alzey bei Mone
in Ztschr. l. d. Gesch. d. Oberrheins 9,280-2. Über das Verhältnis unserer nr. 63
zu nr. 61 siehe die Einleitung.

*Köln, sowie Myngins und Liepmans Erben, aller Ansprüche ledig. 1408
Mai 7 Heidelberg.*

Aus Karlsruhe, Landesarchiv: Pfälz. Copialbuch 467, 118ᵛ mit der Über-
schrift 'Ein quitanz Liepmancz Juden erben von Colne gegeben etc'. —
Ibid. Copialbuch 548, 127.   5

Wir Ruprecht etc. bekennen etc.: Als etwann Liepmann[1] Jude
von Colne und Myngyn sin wip mit dem Jüdischen bann besweret
und darumbe uns[a] von dez richs wegen verfallen gewest sind, daz
sich die vorge*nante* Myngyn fur sich selber und ire erben und auch
dez vorge*nanten* Liepmanns erben von solichs verfallens wegen mit 10
uns demüticlich[b] gerichtet und gesetzet und uns auch genüg getan
hat, und dorumbe haben wir sie und ire erben und auch dez vor-
ge*nanten* Liepmans erben quit und ledig davon gesaget und sagen
in craft diss briefs und Romischer kuniglicher macht. Und gebieten
auch allen und iglichen unsern und dez riches undertanen und ge- 15
truwen und mit namen allen und iglichen Juden und Judinnen, wo
die gesessen oder wie die genant sint, bi unsern und dez richs
hulden, daz sie die vorge*nante* Myngyn, ire erben und auch dez
vorge*nanten* Liepmans erben von dez vorge*nanten* verfallens wegen
furbasmer nit kroeden[2] noch besweren sollen weder mit Cristen noch 20
mit Judischen rechten noch in kein ander[c] wise, als liebe in si unser
und dez richs swere ungnade zu vermiden. Auch haben wir der
vorge*nanten* Myngyn erleubt und gegonnet, ob sie hernachmals mit
ir widerparthi oder mit Judenmeistern[d] teidingen wolde, daz sie daz
wol dün möge von uns, den unsern und von allermenglich unge- 25
hindert. Mit urkund diss briefs versigelt mit unserm kuniglichen
anhangenden insigel, geben zu Heidelberg nach Crists geburte
XIIII[c] jare und darnach in dem achten jare of den mantag nach
dem sontag jubilate, unsers richs in dem achten jare.

                                        Joha*nnes* Winheim.   30

65. *K. Ruprecht befiehlt allen Juden, den Bann nicht zu halten,
den infolge Klage der Gebrüder Seligman und Salman von Öttingen*

a) In Hs. herübergeschrieben.   b) In Hs. Punkt über u.   c) In Hs. herübergeschrieben.
        d) Hs. Haken am r.

[1] Wurde 1388 in Köln aufgenommen: 'Lyefman filius Vivus et Myngin 35
uxor sunt recepti singulis annis solummodo civitati dandis XXI flor. Remigii' Kölner
Stadtarchiv Cod. A V 107, f. 4ʳ. 1404 Juni 18 ist Liepman bereits verstorben.
Bei der damaligen Wiederaufnahme der Myngin heisst es Cod. A V 107, f. 9ʳ
'Myngin relicta quondam Lyefmanni XXXVI flor. *renenses*'. Der Bann muss daher
über Liepman bereits vor 1404 Juni 18 ausgesprochen worden sein! [2] Belästigen, 40
bedrängen: Lexer, Mhd. Hwb. 1,1751.

                                        4*

*irgendwelche Judenmeister über Valk zu Nördlingen und andere genannte
Juden verhangen. 1408 Sept. 20 Heidelberg.*

Aus Karlsruhe, Landesarchiv: Pfälz. Copialbuch 467,116ᵛ-17ʳ mit der Über-
schrift 'Daz die Juden solich benne nit halten, die uber Valken Juden zu
5 Nordlingen etc. geve ᵃ wurden etc.' — Ibid. Copialbuch 548,122-23.

Wir Ruprecht etc. enbieten allen und iglichen Juden und Judinn
in dem heiligen Romischen riche wonhaftig und gesessen unsern
camerknechten unser gnade. Wann unserr kuniglicher majestate
furbracht ist mit clage, daz Seligmann und Salman Juden gebrudere,
10 die man nennet von Otingen, of Valken Juden gesessen zu Nord-
lingen, Bennet¹ sinen son gesessen zu Weinlingen und Vorach ᵇ ² sinen
eiden daselbs zu Weinlingen gesessen, Mosse Miltenberg und Meyer
Judene gesessen zu Bopfingen unsere camerknechte etwass zignūss
getan haben von einer geschichte³ wegen, die sich vor ziten zu Nord-
15 lingen an den vorgen*anten* Seligmann und Salmann verlaufen hat
und daz dieselben Seligman und Salman die vorg*enanten* unsere
camerknechte vor etlichen Judenmeistern so verre beclaget haben,
daz soliche Judenmeistere etlich vorderunge an sie getann und

a) So ohne Überstrich oder Haken. b) In Hs. unbestreitbares V.

20   ¹ Namenskürzung für Benedict. ² Für Borach. ³ In der Nördlinger Juden-
gemeinde hat es auch sonst nicht an Streitigkeiten gefehlt. 1404 Febr. 28 Heidel
berg erklärt Ruprecht, dass die Stadt Nördlingen, welche den Juden Joseph, seine
zwei Söhne und auch einen andern Juden 'von etwas geschichte und brüche
wegen, die dieselben Juden getan hetten' um eine Summe Geldes gestraft und
25 gebüsset hatten, 'welche Busse eigentlich ihm, dem Könige, gehört hätte' Genug-
thuung und Ersatz geleistet habe: Chmel nr. 1693. Wiener 60 nr. 46. 1414
wurde der Jude Lieberman zu Nördlingen angeklagt 'von der ufflöffe und kriege
wegen, die ich [Lieberman] und Mosse und Salman sin sun in unserer synagog
und schūie mit einander gehebt haben, darinn wir baiderseit frävel und unzūcht
30 mit worten und werken getan haben und als ich sunderlich min messer gezwcket
und enplösset han, und als wir von derselben frävel und unzūcht wegen baiderseit
für die burgermaister und rät zu Nördlingen besendet und gefordert wurden, daz
wir darumb zu büsse und straffe stan sölten, nach dem als wir gefrävelt hetten'.
Als Zeugen des Vorfalls in der Synagoge lud der Rat die Juden 'Falk und David
35 und ander Juden, die bij der sache und bij dem frävel in der schūl gewesen
waren, daz die eyn warheit sagen sölten, waz sie gesehen und gehört hetten'.
Vor dem Verhör erklärten Lieberman und Moses, sich mit der Aussage des Falk
und David und mit dem zu fällenden Strafurteil des Rates zufrieden zu geben, und
gelobten durch Eid und Bürgen, den beiden Zeugen ihre Aussagen nicht nach-
40 tragen zu wollen: Urk. der Angeklagten 1414 Aug. 17 or. mb. c. 2 sig. pend. mit
hebr. Namensunterschrift Liebermans (Elieser bar Pinchas) und der Bürgen
Lieberman von Wissenhorn (Elieser bar Simeon s. A.) und Mosse von Dietfurt (Mose
bar Menachem s. A.) im Nördlinger Stadtarchiv, Judenurkunden. Der Zeuge Falk
ist der Valk unserer nr. 65.

geschr*iben* haben, und wann wir eigentlichen underwiset sin und
ouch in einem offen briefe, den vorgen*anten* unsern camerknechten
von dem rate zu Nordelingen wider die vorgen*ante* zignuss gegeben,
wol vernommen haben, daz die vorgen*anten* Seligmann und Salman
den vorgen*anten* unsern camerknechten an solicher zignüss unrechtes
dün, und nemlichen wann dieselben unser camerknechte alle zite
bereite sin, den izgen*anten* Seligmann und Salmann vor Ysrahel
unserm Judenmeister und camerknechte zu rechte zu stande[a], dem
wir auch gebotten haben, in beidersite geliche zu richten, und
wann wir ouch demüticlichen angeruffen sin, die izgen*anten* unser [10]
camerknechte bi rechte gnediclichen zu behalten, dorumbe von
Romischer kuniglicher macht und gewalt gebieten wir allen und
iglichen Judenmeistern und gemeinen Juden, wie die genant oder
wo die gesessen sint, ernstlich und vesticlich mit disem briefe: obe
daz geschehen were oder furbaz geschehen würde, daz etliche Juden- [15]
meistere of die vorgen*anten* unsere camerknechte von der egen*anten*
Seligmans und Salmans wegen den Judischen bane schriben, kunden
oder lesen lassen wurden, wo oder in welichen weg daz beschehe,
daz si dann gemeinlich noch sunderlich solichen bane nicht halden
sollen in dehein wis, als lieb in si unser und dez richs swere ungnade [20]
zu vermiden. Mit urkund diss briefs versigelt mit unserm kunig-
lichen anhangendem inges*igel*, geben zu Heidelberg nach Crists
geburte XIIII ᶜ und darnach in dem achten jare an sant Mathias
abent dez heiligen zwolfbotten, unsers richs in dem achten jare.

Jo*hannes* Kirchen. [25]

66. *K. Ruprecht entlässt Mosse zu Nördlingen und andere beteiligte Juden aus seiner Ungnade. 1408 Okt. 29 Nürnberg.*

Aus Karlsruhe, Landesarchiv: Pfälz. Copialbuch 467,122ᵛ mit der Überschrift 'Als min herre der kunig uf Mosse Juden zu Nordlingen gesessen verziegen hat etc.' — Ibid. Copialbuch 548,131. [30]

Wir Ruprecht etc. bekennen etc.: Als Mosse[1] Jude unser
camerknecht zu Nordelingen[2] gesessen furmals in unser ungnade
kommen waz und darumbe unser hulde erworben hat nach usswisunge
unser brieve, die wir imme daruber geben haben, und er aber darnach ander tedinge hinder den unsern, den wir daz bevolhen hatten, [35]

a) So.
[1] Die übliche Namensform für Moses. [2] Mosse identisch mit dem gleichnamigen, der 1414 den Streit mit Lieberman in der Nördlinger Synagoge hatte?: S. 52 Anm. 3.

angangen ist uber unser briefe, die wir imme geben hatten, darumbe
er wider in unser ungnaden komincn waz, des haben wir den vor-
genanten Mosse und darzů alle die Juden, die mit imme darunder
verdacht gewest sint, uss denselben unsern ungnaden gnediclich
5 gelassen und daruf genzlich verziegen in craft diss briefs, versigelt
mit unserm kuniglichen anhangenden ingesigel, datum Nuremberg
anno domini M°CCCC octavo in crastino beatorum Symonis et Jude
apostolorum, regni vero nostri anno nono.
            Ad relationem domini Friderici de Otingen
            magistri curie: Johannes Winheim.
10

67. *K. Ruprecht sagt den Juden Judel zu Nürnberg aller Ansprüche*
ledig. 1408 Okt. 29 Nürnberg.

    Aus Karlsruhe, Landesarchiv: Pfälz. Copialbuch 467, 122ᵛ mit der Überschrift
    'Als min herre Judel Juden von Nuremberg aller bruche und velle ledig
15 saget, darin er im verfallen waz'. — Ibid. Copialbuch 548, 132.

Wir Ruprecht etc. bekennen etc.: das sich Judel[1] Jüde etwann
Ysackinn von Nuremberg sůn unser camerknecht von aller der bruche
und benne wegen, damit er uns. alz eime Romischen kunige biss
uf diesen tag datum diss briefs bruchig oder vellig gewest ist, de-
20 muticlich gesetzt und dorumbe mit unsern amptluten, den wir daz
bevolhen hatten, getedinget und uberkommen hat, daz wir ein be-
nügen daran haben. Und darumbe so haben wir in von solicher
bruche und velle wegen vor uns quit und ledig gesagt und sagen
mit dissem briefe und gebiethen darumbe allen und iglichen unsern
25 und des richs undertanen und getruwen und mit namen allen und
iglichen Juden und Judin, wo die gesessen oder wie die genant sint,
daz sie den vorgenanten Judlin von der vorgenanten brüche oder velle
wegen furbassmer nit hindern oder miden in deheine wis, als lieb
in si unser ungnade zu vermiden. Orkund dis briefs versigelt mit
30 unserm kuniglichen anhangenden ingesigel, datum Nuremberg anno
domini M°CCCCVIII° feria secunda post beatorum Simonis et Jude
apostolorum, regni vero nostri anno nono.

68. *K. Ruprecht befiehlt allen Juden, besonders in Stadt und Stift Köln,*
mit denjenigen Juden in Jülich, Geldern, Stift Osnabrück und Grafschaft
35 *Ravensberg, welche der Herzogin Anna von Berg den goldenen Opfer-*

    [1] Stern, Die israelitische Bevölkerung der deutschen Städte 3,29 u. a. Der
Vater ist Ysak von Aycha (Achach). Judels Name auch in der Koseform Judlin:
oben Z. 27, und Judlein 'Judlein der Ysakin sun von Eychach': Stern 3,35 u. a.
1414 Juli 16 giebt er sein Bürgerrecht endgültig auf: Stern 3,54.

pfennig noch nicht gezahlt haben, so lange keinerlei Gemeinschaft zu halten, bis die Zahlung erfolgt sei. *1409 Jan. 27 Koblenz.*

Aus Karlsruhe, Landesarchiv: Pfälz. Copialbuch 467,123v 124r mit der Über-schrift 'Daz die Juden in dem lande von Gulch, von Gelre, zu Ossenbrucke und graveschaft zu Ravensperg etc. der herzogin von dem Berge den gulden 5 opferpfennig geben sollen etc.' — Ibid. Copialbuch 548, 133.

Wir Ruprecht etc. lassen alle und igliche Juden unsere kamer-knechte in der stat und stifte von Collen und anderswo wonhaftig, den diser geinwurtige unser brief furkommet, wissen: das uns die hochgeborn furstinne unser liebe swester Anna von Beyern, herzoginn 10 von dem Berge und grafinn von Ravensperg, furbracht hat, als wir ir den gulden opferpfennig geben haben ufzuheben von allen und iglichen Juden wonhaftig in dem lande von Gulch und von Gelre, in dem stifte von Osenbrucke und in der graveschaft zu Ravensperg, nemlichen zu Syberg, nach usswisunge unser brieve[1], die wir ir mit 15 unser kuniglichen majestat inge*sigel* versigelt daruber geben haben, des sin etliche derselben Juden daran ungehorsam und wollen ir und iren botten, den sie das an ire stat befielet, den vorgenanten gulden opferpfennig nit reichen und antwurten nach usswisunge der obge-*nanten* unser briefe. Herumbe so heissen und gebieten wir uch sament- 20 lich und sünderlich in craft diss geinwertigen unsers offen briefes, das ir die *vorgenanten* ungehorsamen Juden nit husen noch hofen, mit in zu schule geen oder deheinerlei gemeinschaft tun sollent, als lange biss daz sie alle und auch ir iglicher besunder der obgen*anten* unser swester solichen gulden opferpfennig genzlichen und gar ge- 25 reichet und bezalet hat. Und welicher under uch solch unser gebotde uberfure und nit hilde, wollen wir, daz der in unser und des heiligen richs swere ungnade verfallen sin solle, darumbe wir in auch meinen zu straffen. Orkund diss briefs ver*sigelt* mit unserm kunig*lichem* uf-getrucktem ingesigel, datum Confluencie dominica post conversionem 30 beati Pauli anno domini M°CCCC° nono, regni vero nostri anno nono.

Johannes Winheim.

69. *K. Ruprecht an Frankfurt: den Prozess gegen seinen Juden Jacob aufzuheben.* *1409 Okt. 23 Heidelberg.*

[1] Von den Juden in Stadt und Bistum Köln 1404 Juni 9 Heidelberg: nr. 35 17, von jenen in Geldern, Jülich, Stadt und Stift Osnabrück, Grafschaft Ravensberg mit besonderer Nennung von Siegburg, wie in unserer nr. 68 1408 Febr. 27 Heidelberg: Chmel nr. 2479. Wiener 66 nr. 85. — Auch der goldene Opfer-pfennig von den Juden in Dortmund und Hamm wurde der Herzogin 1408 Aug. 20 Heidelberg verschrieben: Chmel nr. 2621. Wiener 67 nr. 88. 40

Aus Frankfurt, Stadtarchiv : Ugw. E 56, J 3 or. ch. c. sig. in verso impr. del.

Das hdschr. zu mit Punkt über u, zwei Mal im Text und ein Mal in der Adresse, mit zů wiedergegeben.

Ruprecht von gots gnaden Romischer kunig zů allen czijten merer des richs.

Lieben getruwen. Als ir iczund Jacob unsern Juden und kamerknecht zů Franckefurd bekummert und uffgehalten hant, lassen wir uch wissen[1]: daz wir denselben Jacob in unsern besundern schirme und geleite genommen hann, als er des auch unsern brieff hat. Herumbe so begern wir an ůch mit ernste, daz ir solichen kummer gein ymme unverczogclichen abetůn und yn des ledig lassent. Und hettent ir icht an yn zu sprechen, daz dragent gein ymme fur uns uss, da er uch auch glichs und rechts nit uss geen sal. Und begern herumbe uwer verschriben entwert. Datum Heidelberg feria quarta ante beatorum Symonis et Jude apostolorum anno domini M°CCCC°IX°, regni vero nostri anno decimo.

[in verso] Unsern lieben getrůwen dem rade unser und des heiligen richs stad czů Franckfurd.

Ad mandatum domini regis Johannes Winheim.

70. *Frankfurt berichtet an K. Ruprecht ausführlich über den Prozess gegen den Juden Jacob und bittet, den Fall durch das Gericht zu Frankfurt aburteilen zu dürfen. 1409 Okt. 25 [Frankfurt].*

Aus Frankfurt, Stadtarchiv: Ugw. E 56, J 3 conc. chart. An drei Stellen sind die Enden der Zeilen abgerissen, die mutmasslichen Worte setze ich kursiv in eckige Klammern. Den Haken über u in zu, der bald deutlich o ist, bald sich diesem nähert, bald die Hakenform behält, gebe ich durch übergesetztes o wieder.

Uwern allirdurchl*uchtigsten* kuniglichen gnaden embieden wir unsern schuldigen undertenigen willigen dinst zů allin ziden mit ganzen trůwen zuvor. Allirdurchluchtigster furste, lieber gnediger herre. Als uwer gnade uns von Jacobs des Juden wegin hat tun schriben[2], biden wir uwer gnade wissin: das wir virstanden han, daz derselb Jacob umb daz ezwaz schelen von obsse ungeverlich oben herabe uz eime hůse geworfen wurden[a], die in eins teils trůffen,

a) Zwei schräg liegende Punkte über u nicht berücksichtigt.

[1] Schon 1409 Sept. 28 sabbato ante Michahelis archangeli schrieb 'Reinhart von Siekingen der junge, faut zu Heidelberg' an Frankfurt : 'Als Jacob der Jude ettewas vor uch zů schaffen hat als von eins müniches wegen, bitte ich uch flisseklich, das ir im furderlich und fruntlich wollent sin in sinen sachen und lant in daran mins herren des kunigs geniessen' Frankfurt, Stadtarchiv E 56, J nr. 3 or. ch. c. sig. in verso impr. del., mit Adresse in verso. Über die Anklage gegen Jacob siehe das Detail in nr. 70. [2] Nr. 69.

grosse jemerliche flúche dem, der die schelen ussgeworfin hatte, tede.
Also ging ein erber priester prediger ordins dabi, der in ezwaz
daru[mb]ᵃ wulde mit worten straffen und underwisen, daz er daz liesse
und Christen-lude umb soliche ungeverliche clein geschicht nit als
ubel handelte mit flúchen. Da ubirgebe er den priester auch mit [5]
unzimlichen worten und drefiwete ime und stiesse in vúr sin brúst
und hiesch in darzú zú felde vúr die porthen. Des qwam der
priester zú stunt nach der geschichte zú unserm burgermeister und
claget[1] ime daz und hiesch und ermant in durch got und des Cristen-
glaubins willin, d[az] er ime darúmb karunge und wandels hulfe; [10]
dan geschee ime des nit, so muste er daz vorter brengen und er-
fordern an den enden, da ime karunge und wandels ᵃgehulfen
wúrdeᵇ. Des wart der Jude mit nwer und des heilgen richs gericht
zú Frankenfurd bekommert uf recht, als er solichen fravel getriben

Okt. 21 hatte und damide sin geleide uberfaren. Darumb an mantage, nest [15]
was, derᶜ priester auchᵈ vor unserm rade in geinwertikeit Jacobs
vorgenant gefordert und geheischen hat karunge gode zúforderst und
darnach der priesterschaft, sime orden und siner personen. Darzú
so hatte der vorgenante Jacob einen knecht[2] uf dieselbin zit zú Fran-
kenfurd, der eim andern Juden, der auch geleide hatte, uberlast tet [20]
und ime trauwete zú erstechin, und des wolde derselbe Jude von
dem knechte uwer und des heilgen richs gerichtes recht zú Francken-
furd fordern und súchen. Da half Jacob vorgenant dem knechte
hinden uss und leich ime sin pherd, daz er damide entreit; und des
ging der ander Jude in der gassin, da rante derselbe Judenᵉ-knecht [25]
hinder ime zú mit gerauftem messer und wolde in uf des richs
strassen ermorden zú angesiecht eines richters. Als die sache also
an uns kommen sin, als wir verstanden han, darumb auch der
ander Jude von dem egenanten Jacob von sinen und sins knechtes
wegin karúnge und gericht geheischen hat, herumb biden und [30]
flehin wir uwern wirdigen kúniglichen gnaden dinstlich mit flisse,
uns gnedeclich zú gonnen, das daz gericht zú Frankenfurd und
wir darumb den parthien mogen gericht lúd recht lassin widerfarn

aᵃ Hs. 'daruber'? bᵇ Über gestrichenem 'geschee'. cᶜ Vorhergeht gestrichen 'aber'.
dᵈ Am Rande nachtraglich vor das die Zeile eroffnende 'vor' gesetzt. eᵉ In Hs. [35]
herubergeschrieben.

[1] Vor dem 28. September, da das Schreiben des Heidelberger Vogts von
diesem Tage S. 56 Anm. 1 die Affaire Jacobs mit dem Mönch bereits erwähnt.
[2] Einen jüdischen Knecht, siehe gleich nachher 'Judenknecht'. Oder ist letzteres
als (christlicher) Knecht des Juden zu verstehen?
4*

und daz straffin vor gerichte und rade, dar dann iglichs hin gehoret,
als von alder herkommen ist. Und b{iden¹ herumb uwer gnedige
gunstige beschriben antwort. Datum feria sexta post Severini episcopi
anno domini M°CCCC nono.

5   Auditum a consulibus.

Auchᵃ hetten wir gestern¹ gerne burgen von ime genommen, Okt. 24
biss *daz wir uwern gnaden widergeschriben hetten und auch uwrer
gnaden meinunge davon w[ol] verstanden. Die burgenᵇ er nit wolde
vürᶜ sich lassen sprechen, wiewolᵈ er auch vormals² burgen gesast
10 hatte; des wart er in das sloss gelacht. Doch hat er hude wider Okt. 23
burgen gesast, darumb wirᵉ in iczunt aber uzgelassen han uwern
koniglichen gnaden zů eren, wiewol er faste mutwillige freveliche
worte hatte.

[supra] Domino regi Romanorum.

15   **71. K. Ruprecht an Frankfurt: infolge des erhaltenen Berichtes
sei er damit einverstanden, dass das Vergehen des Juden Jacob durch das
Gericht zu Frankfurt abgeurteilt werde. 1409 Okt. 28 Heidelberg.**

Aus Frankfurt, Stadtarchiv: Ugw. E 56, J 3 or. ch. c. sig. in verso impr. del.

Ruprecht von gots gnaden Romischer kunig zů allen czijten
20 merer des richs.

Lieben getruwen. Als ir uns widdergeschrieben habent³ von
Jacobs des Juden wegen, wie daz der bij uch in unser und des
heiligen richs stad Franckfurd gein eime priester prediger ordens
und auch suhst gefrevelt und geleite uberfarn habe, darumbe auch
25 die personen, gein den daz geschehen sij, unser und des heiligen
richs gerichte czů Franckfurd angeruffen haben, und hant uns gebeten,
uch zu gonnen, daz daz gerichte zů Franckfurd und ir darumbe
den parthien mogent gerichte und recht lassen widderfarn und daz
straffen fur gerichte und rade, dar dann iglichs hingehoret, als von
30 alter herkommen sij etc., hann wir alless wol verstanden. Und wir
hann uch fur⁴ geschrieben, daz der vorgenante Jacob etwass sunder-
licher fryheide von uns hat; aber darumbe ist unser meynunge nit,
ob er geleite uberfüre, daz er darumbe nach billichen dingen nit

---

aᵃ Vorhergeht ein anderer Entwurf, der aber quer gestrichen wurde: 'Auch hatte Jacob
vorg_enant' vormals burgen gesast uf daz recht ,die sprecher wir aber gerne gnommen
hetten' und als er die gestern nit aber wolde vür sich lassen sprechen, so ist er in daz
sloss gelacht uf den uztrag, iedoch so hat'. 'Gestern' steht vor horizontal gestr. 'iezunt'.
bᵇ Über gestrichenen 'uf den usstrag die', zum Teil auch am Rande geschrieben.
In Hs. Punkt uber u. dᵈ Über gestr. 'wand'. eᵉ In Hs. herubergeschrieben.

¹ Infolge des kgl. Briefes vom Tage vorher 'nr. 60 . ² Wahrscheinlich, als
der Mönch Ende Sept. die erste Klage erhob. ³ Nr. 70. ⁴ Nr. 69.

gestrafft solte werden. Und uns gevellet wol: hat er bij uch zü
Franckfurd gefrevelt, daz ir die eleger und yn darumbe vor unser
und des heiligen richs gerichte zü Franckfurd furkommen lassent,
und was daselbes mit gerichte, orteil und recht umbe solichen frevel
erkannt wirdet, daz er des geniesse und engelte, als sich dann [5]
geboret. Duchte uch aber anders oder me dareztü[a] zu dünde, daz
mogent ir furbass an uns bringen. Datum Heidelberg in festo
beatorum Simonis et Jude apostolorum anno domini M°CCCC°IX,
regni vero nostri anno X.

[in verso] Unsern lieben getrüwen   Ad mandatum domini regis [10]
dem rade unser und des heiligen   Johannes Winheim.
richs stad czü Franckefurd.

72. *K. Ruprecht thut auf Klage der Stadt Nürnberg die Jüdin
Jutte, Witwe des Jacob Rapp von Nürnberg, sowie ihre Tochter und drei
Söhne des Jacob, in die Reichsacht. 1410 Jan. 21 Heidelberg.* [15]

Aus Nürnberg, Kreisarchiv: S. VI [104]/1 Bd. 4 nr. 52 or. mb. c. sig. pend. Erw.
Würfel, Histor. Nachrichten von der Judengemeinde ... in Nürnberg 95. Reg.
Boica 12,57. Wiener 68 nr. 98.

Wir Ruprecht von gotes gnaden Romischer kung zu allen ziten
merer des richs bekennen und tun kunt offenbar mit disem brief [20]
allen den, die in sehen oder horen lesen: Wann die ersamen .. burger-
meistere und die burgere gemeinlich des rates der stat Nürnberg uff
Jutten Judinn ettwenn Jacobs Juden genant Rappe[1] von Nürnberg
wybe, Hendlinn Judinn ir beder tochter und Micheln, Lazarus und
Mosse Juden des iczgenanten Jacobs sune[2] an unsern und des heiligen [25]
Romischen richs hofgerichte soverre geclaget[3] und ouch erlanget

a) In Hs. Punkt über u.

[1] Stern, Die isr. Bevölkerung der deutschen Städte 3,25. [2] Jutte Jutta,
Gutta, Güt, Gütt war Jacobs zweite Frau. Michel, Lazarus und Mosse waren ihre
Stiefsöhne. Deren Wohnsitz im Juni 1409 ersehen wir aus dem Nürnberger [30]
Briefbuch 2,112ᵛ: ›Gütt die Reppin Jüdin und ir zwen süne Michel und Lazarus
und ire tochter Hendlin sitzen zu Ancken bei einander, so sitzt ir sün Mosse zu
Terveis [Treviso]‹. [3] Über den Prozess seitens der Stadt siehe RTA 6,646-7
Anm. und Stern l. c. in der später erscheinenden Fortsetzung. Die Klage gegen
Jutte geschah ›umb IIᵐ mark lötigs goldes, darumb daz sie in und den iren inne [35]
hat und vorhelt die schuldbriefe, die sie in widergeben und geantwurt solt haben
von der gnade wegen, die in vor zeiten geschehen ist von Römischen künigen,
als sie des begnadt und gefreit sein, des sie gut brief und privilegia haben und
mit namen von unserm gnedigen herren dem Römischen künig Ruprechten *1401
Jan. 6 Köln: Chmel nr. 65. Wiener 54 nr. 5. RTA 2,322 Anm. aus Karlsruhe.* [40]
*Vidimus des Landgerichts zu Nürnberg 1401 Aug. 6 (Samstag vor St. Laurenzentag):
Nürnberg, Kreisarchiv S. VI [103]/1 Bd. 5 nr. 54 or. mb. c. sig. pend.‹, dieselben*

haben, als recht ist, das dieselben Juden und Judinne durch sôlicher
ungehorsamkeite willen, dorumb das sy sich, nach dem und sy von
der vorgenannten burgermeistere und burgere clage wegen an das vor-
genannte hofgerichte recht und redlich geladen und geheischen waren
5 und dornach von denselben burgermeistern und burgern an dem
ersten, dem andern und dem dritten hofgerichten beclaget worden
sind, als desselben hofgerichtes recht ist, gegen solicher clage weder
durch sich selber noch durch andere verentwort oder versprochen
haben, als recht ist, in unser und des heiligen Romischen richs ahte
10 mit rechter urteile geteilet sind, als des iczgenannten hofgerichtes
recht ist, dorumb von Romischer kunglicher mahte und gewalte haben
wir dieselben Jutten und Hendlinn Judinne und Michel, Lazarus
und Mosse Juden in unser und des heiligen Romischen richs ahte
getan und gekundiget und haben sy uss unserm und desselben richs
15 fridde und schirme genomen und in den unfriden geseczet und haben
ouch allermeniclich gemeinschaft[a] mit in zu haben verbotten. Und
gebieten dorumb allen und iglichen fursten, geistlichen und wernt-
lichen, graven, frihen herren, dinstluten, rittern, knechten, burggraven,
landrichtern, richtern, vôgten, amptluten, burgermeistern, schultheissen,
20 scheffen, reten und gemeinden und allen andern unsern und des
heiligen Romischen richs undertanen und getruen, den diser brief
furkommen wirdet, bij unsern und desselben richs rechten und ge-
horsamkeite ernstlich und vesticlich mit disem brief, das sy die vor-
genannten Juden und Judynne unsere und des iczgenannten richs ehtere
25 furbassmere weder husen noch hoven, etzen noch trenken noch
keinerley gemeinschaft mit in haben noch die iren haben lassen,
weder mit kouffen oder verkouffen noch mit keinen andern dingen,
heimlich oder offenlich noch in keinerley wise, sunder den obgenanten
burgermeistern und burgern gemeinlich und sunderlich und allen den
30 iren uff dieselben ehtere gemeinlich und sunderlich, getrulich und
ernstlich beholfen sin und die ouch in allen steten, slossen, gerichten
und gebieten und an allen enden zu wasser und zu lande, bedy
von unsern und des heiligen Romischen richs und der vorgenanten

a) Hs. 'gemeinschaf'.

5 schuldbrief sie noch innhat und der nicht widergeben noch ûmb die schulde ledig
sagen wil, des sie und die iren schaden genomen haben mer dann 1m mark golts':
Klageformular in der Vollmacht Nürnbergs für Friezen Klermen vor dem kgl.
Hofgericht gegen 'Güten Jüdin weilund des Kappen Juden von Nuremberg witiben'
und ihre Kinder 1409 Juni 22 — sabbato ante Joh. Bapt. — im Nürnberger Kreis-
archiv, Nürnberger Briefbuch 2,112 v.

burgermeistere und burgere und ouch der iren wegen uffhalden und
als desselben richs offenbaren und ungehorsamen ehtere furbassmere
bekummern, angrifen, vahen und mit in tun und gefaren sollen, als
man mit des heiligen Romischen richs offenbaren und ungehorsamen
ehtern billich und von rechtes wegen tun und gefaren sol, als vil 5
und als lange, bis das sy in unser und desselben richs gnade und
gehorsamkeite wider kommen sind, als recht ist. Wann was also
an denselben ehtern geschiht und getan wirdet, damit sol noch mag
von rechtes wegen nymand missetun noch gefreveln wider uns, das
iczgenante riche noch sust wider ymantz anders noch wider keinerley 10
gerichte, geistlichs noch werntlichs, landfride, landgerichte, stet-
gerichte, friheite noch gewonheite noch wider kein andere ding in
dhein wis. Wer ouch dise unser kungliche gebotte freventlichen
uberfure oder die niht hielde, tete oder nach sinem vermögen vollen-
furte, der und die wurden in solich unsere und des vorgenanten 15
richs ahte und pene verfallen gelicher wise, als die vorgenanten
ehtere verfallen sind; man wurde ouch dorumb zu dem oder den
richten, als des vorgenanten unsers und des Romischen richs hof-
recht ist. Mit urkund diss briefs versigelt mit unserm und desselben
hofgerichtes anhangnndem[a] insigel, geben zu Heidelberg nach Crists 20
geburt vierczehunhundert jare und dornach in dem czehenden jare des
nehsten dinstags nach sant Antonii tage, unsers richs in dem cze-
henden jare.

[Auf dem Buge] Johannes Kirchen notarius.

73. *K. Ruprecht an die Herzöge zu Österreich*[1] (den hochge- 25
bornen Ernsten und Fridrichen herczougen zu Osterrich, zu Steyr,
zu Kernden und zu Krayn, graven zu Tyrol etc. und allen her-
czougen zu Osterrich unsern lieben oheimen und fursten): *mit genannten
Juden (den in nr. 72), gegen welche Nürnberg durch Klage beim Hof-
gericht die Acht erlangt habe, laut des Ächtungsbriefes*[2] *keinerlei Gemeinschaft
zu haben und der Stadt Nürnberg so lange förderlich zu sein, bis die
Juden wieder in Gnaden aufgenommen seien. 1410 Jan. 21 (des nehsten
dinstags nach sant Antonii tage) Heidelberg.* Johannes Kirchen.

Aus Nürnberg, Kreisarchiv: S. I 19/11 nr. 14 or. mb. c. sig. in verso impr. del.

74. *Johannes Graf zu Wertheim, Hofrichter König Ruprechts, ver- 35
kündet, dass er Hofgericht zu Nürnberg in der Burg hielt und die ersamen*

a) So.

[1] Gleicher Befehl Ruprechts an die 'landesherren von der Etsche' von dem
selben Tage: Wendt in Mitteil. aus d. german. Nationalmuseum 1890,96. [2] Nr. 72.

wisen .. burgermeistere und die burgere gemeinlich des rates der stat
zu Nürnberg uff alles, das Jutta Jüdinn ettwenn Jacobs Juden genant
Rappe von Nürnberg wybe, Hendelinn Jüdinn ir beder tochter,
Michel, Lazarus und Mosse Juden, des iczgenanten Jacobs sune,
5 haben und ir iglicher und ouch iglich der iczgenanten Judinne hat,
es sij husere, hove, gelte, eleinat, golde, silbere, husrate, brieve,
schulde, sy sij verbrieft oder nit, varende und ligende habe, besuchtz
und unbesuchtz nichez ussgenomen, umb czweitusent marke goldes minner
oder mere an dem vorgenanten hofgerichte soverre geclaget haben.
10 *Der Hofrichter fällt das Urteil dahin, dass die genannten Häuser etc. •
der Stadt Nürnberg an Stelle der 2000 Mark Gold zugeteilt werden;
die Stadt könne die Häuser etc. nutzniessen, bis ihr wegen der 2000 Mark
Genüge geschehen sei.* 1410 April 16 (des nehsten mittwochens nach dem
sontage, als man in der heiligen kirchen singet jubilate) [Nürnberg].
15   Aus Nürnberg, Kreisarchiv: S. VI ¹⁰⁴/1 Bd. 4 nr. 66 or. mb. c. sig. pend.

**75. K. Ruprecht thut den Juden Susslin zu Würzburg aus dem
Bann, den über ihn Meister Israel verhängt hat, mit weiteren Bestimmungen.
1410 April 19 Nürnberg.**

          Aus Karlsruhe, Landesarchiv: Pfälz. Copialbuch 467,127ʳ mit der Überschrift
20   'Als Susslin der Jude zu Wurczpurg uss den bann gelassen ist etc.' — Ibid.
          Copialbuch 548, 140.

Wir Ruprecht etc. lassen alle und igliche Juden und Judinne,
den dieser geinwertige unser brief furkompt, wissen : [1] daz wir Susslin
den Juden zu Wirczpurg gesessen¹ uss dem banne, darinne in meister
25 Israhel in der zit, als er unser Judenmeister waz², getann hat, gelassen
und getan haben und gepieten uch auch allen, daz ir den vorgenanten
Susslin der sachen halbe furbaz nit fur bennig haben noch halten
sollent. [2] Auch wollen wir, daz derselbe Susslin, alz lange er zu Wircz-
purg oder anderswo hinder dem erwirdigen Johann bischof zu Wurczpurg
30 gesessen und wonhaftig ist, umbe deheinerlei sache nergent zu rechte
sten solle dann vor dem vorgenanten bischof zu Wurczpurg und sinen
amptluten an sin stat oder vor den gerichten, darin er dann gesessen
ist, doch biss uf unser oder unser nachkommen an dem riche wider-
ruffen, [3] unschedelich doch uns und dem riche an unsern rechten,
35 und auch nemlich daz uns der vorgenante Susslin eins iglichen jars
den gulden opferpfennig reichen und antwerten sal. Orkund diss
briefes versigelt mit unserm kuniglichen anhangendem ingesigel, datum

_____
¹ Meister Susslin S. 43 Anm. 2 war demnach nach Würzburg zurückgekehrt.
² Damit ist der terminus ad quem für die Amtierungszeit Israels gegeben.

Nuremberg anno domini M°CCCC decimo sabbato ante beati Georii
martiris, regni vero nostri anno decimo.

Johannes Winheim.

76. *Pfalzgraf Ludwig III an Frankfurt: den Frankfurter Juden
nicht zu gestatten, die Freiheit, welche der Jude Symelin unter K.
Ruprecht genossen habe, nachträglich zu schmälern. 1410 Juni 6 Heidelberg.*

Aus Frankfurt, Stadtarchiv: Kaiserschreiben 1,324 or. ch. auf Pappe aufgezogen.
Spur von sig. in verso impr. del. schimmert durch, mit gleichzeitiger Notiz
in verso 'herczog Ludewig'. Verz. Inventare d. Frankfurter Stadtarchivs 3,63.

Ludwig von gots gnaden pfaltzgraff bij Rine, des heiligen Ro-
mischen richs oberster truchses und furseher in den landen des Rines,
zu Swaben und des Frenckischen rechten und herczog in Beyern.

Unsern grus zuvor. Ersamen wisen, besunder gute fründe. Uns
ist furkomen, wie das die Juden, des richs camerknechte bij uch
wonhafftig, Symelin Juden[1] Meyers Juden von Cronenberg[a], der unserm
lieben herren und vatter seligen dem Romschen konige den gulden
opferphennig von der Judescheit ingesamet hat und noch unser Jude
ist, umb etwievile geltes, daz er wol sehs[2] jare versessen haben solle,
zu dieser czijt anlangen und meynen, diewile unser lieber herre und
vatter selige leider abgangen ist, so solle denselben Symeln soliche
gnade und friheid, als er von ym gehabt hat, nit furtergen, sunder
er solle soliche gelte, als ym in den vorgenanten jaren nach anzale
zu geben geburet hette, ob er kein friheid gehabt hette, nu gar be-
zalen, das doch ein unczimlicher und unbillicher mutwill were, als ir
selber wol versted. Dorumb begern wir und bitden uch auch fruntlich
und mit ernste, das ir uwern Judden solichs mutwillen nit gestadten,
sunder sie davon lassen ernstlich heissen und den vorgenanten Symelin
bij unsers lieben herren und vatters friheid behalden wollet, als auch
billich ist, das soliche friheid also icht gesmehet werde. Daran dut
ir uns sunderlich liebe und behegelichkeyd. Datum Heidelberg sexta
feria post beatorum Bonifacii et sociorum ejus martirum anno CCCCX°.
[in verso] Den ersamen wisen unsern besundern guten fründen dem
rate der stad zu Franckefurd *dari debet.*

a) So. Ergänze 'bruder', das in Hs. fehlt.

[1] Nr. 55, siehe auch nr. 11. [2] Seit 1406 Dez. 14 nr. 55 waren erst 3½
Jahre verflossen, seit 1402 Aug. 21 'nr. 11' aber nahezu 8 Jahre! Soll die Rech-
nung stimmen, so muss man von den 8 Jahren den Aufenthalt Symelins in Seligen-
stadt mit 2 Jahren in Abzug bringen.

I. Verzeichnis der abgekürzt citierten Literatur.

Chmel Regesta chronologico-diplomatica Ruperti regis Romanorum. Auszug aus den im k. k. Archive zu Wien sich befindenden Reichsregistraturbüchern vom Jahre 1400–1410. Mit Benutzung der gedruckten Quellen. Von Joseph C h m e l. Frankfurt am Main 1834.

Wiener Regesten zur Geschichte der Juden in Deutschland während des Mittelalters. Bearbeitet von Dr. M. W i e n e r. Erster Teil. Hannover 1862.

RTA Deutsche Reichstagsakten unter König Ruprecht. Herausgegeben von Julius W e i z s ä c k e r. Vierter Band. Gotha 1882. — Fünfter Band. Gotha 1885. — Sechster Band. Gotha 1888.

II. Verzeichnis der citierten Archive.

III. Verzeichnis der Orts- und Personen-Namen.

(S. 1—63).

Vgl. Buman; Durlach; Kirchheim; Landau; Moscheln; Sobernheim;
Vener; Warmund; Winheim. — Seine Räte 20,31. 19,29. — Seine
Hofmeister s. Emicho; Öttingen; Schwarzburg. — Sein Hofgericht 19.
28, 28. 31, 18. 59, 26. 60. 61, 29, 36. Vgl. Rottweil. Sein Hofrichter
Engelhard von Weinsberg 19, 10. Vgl. Wertheim. — Sein Procurator
am Hofgericht s. Warmund. — Sein Hofgerichtsschreiber s. Kirchheim.
Sein Landschreiber zu Alzei s. Alzei. — Sein Zollschreiber zu Gier-
mersheim s. Walther. Sein Landvogt i. d. Wetterau s. Rodenstein.
Sein Vogt zu Heidelberg s. Sickingen. — Sein Vitztum zu Amberg s.
Degemberg. — Sein Pfleger zu Sulzbach s. Kemnöter. — Seine Diener,
Boten 30,38. Vgl. Rosenkrantz. — Sein Judenmeister s. Israhel.
Seine jüdischen Steuerboten s. Cronberg (Meyer); Oppenheim (Isack ;
    Winheim (Elias).
Konstanz Bürger 14,38. 15, 6. Vgl. Schultheiss, Specke. — Juden 15, 2.
Kreuznach, Gotschalk von —, s. Süsskind.
Landau (Landauwen), Johannes de —, Registrator K. Ruprechts 5,31.
Lazarus, Sohn des Jacob gen. Rappe in Nürnberg, 1409 in Ancona 59,24,31.
    60, 12. 62, 4.
Lenich, Seligman von —, in Frankfurt, Bevollmächtigter der dortigen Juden
    schaft 21,36. 22, 1, 20.
Lewe s. Colner.
Leyser s. Schlettstadt.
Lieberman, Elieser Sohn d. Pinchas, in Nördlingen 52.
Liepman (Liefman), Sohn d. Vivus, in Köln 51. — Seine Frau s. Myngin. —
    Seine Erben 51.
Ludwig s. Pfalzgraf.
Lüneburg s. Braunschweig.
Lupus, H., Hofmeister des Mainzer Erzbischofs 41,15.
Mainz Erzbischof Johann II 1397-1419: 1, 11. 6, 12. 7, 20. 9, 19. 26, 27.
    27, 14. 28. 44, 2. — Seine jüdischen Hintersassen s. Winheim Elias,
    in Frankfurt s. Süsslin; Wolf; in Seligenstadt s. Symelin. — Bote des
    Erzbischofs 42, 9.
— Stadt 20,35. 26, 18.   Der Rat 21, 15. — Die Juden, Judischeit
    3, 20, 31. 8, 38. 23, 31.
Melbecher, Heinrich s. Alzei.
Menachem s. Dietfurt.
Mergentheim a. d. Tauber s. Seligman.
Meyer in Bopfingen 52, 12.
— s. Cronberg.
— Knecht Schreiber ? des Judenmeisters Israhel 46, 14.
Michel, Sohn des Jacob gen. Rappe in Nürnberg, 1409 in Ancona 59, 24, 31
    60, 12. 62, 4.
Miltenberg a. Main, Mosse, in Bopfingen 52, 12.
Moscheln (Messcheln, Moschel, Muscheln i. d. Pfalz, Emericus de — Emerich
    von —, Notar K. Ruprechts 21, 22. 33, 33. 44, 18.
Mose, Sohn d. Menachem, s. Dietfurt.
Mosse in Nördlingen 52, 28, 37. 53, 29, 31. 54, 3. — Sein Sohn s. Salman. -

Von Mosse ist zu unterscheiden Mosse von Dietfurt, gleichfalls in Nördlingen.
Sohn des Jacob gen. Rappe in Nürnberg, 1409 in Treviso 59,25,32. 60,13. 62,4.
— Schwager des Seligman in Mergentheim 35,9.
Münzenberg (Minczenberg) i. d. Wetterau s. Falkenstein.
Myngin, Frau des Liepman in Köln 51. Ihre Erben 51.

Nördlingen Stadt 47,1. 52,14,22. 61,31. — Der Rat 52,32. 53,3. 62,1. — Juden 16. 47,3,11. 52,23,35. 54,3. Vgl. David; Dietfurt (Mosse ; Joseph; Lieberman; Mosse; Salman; Valk; Weissenhorn Lieberman). Synagoge (Schule 52,28.

Nürnberg Stadt 2. 3,4,10. 32,35,38. 50,4. 62,11,12. Der Bürgermeister Der Rat 2. 3,5. 21,15. 32,3. 33. 48,5. 52,32. 59,22. 60. 61,1,29. 62,1. Vgl. Klerm. — Die Bürger, Die Gemeinde 3,7. 32,3. 33,13. 48,6. Vgl. Pfintzing. — Hofgericht i. d. Burg 61,36. — Juden, Judischeit 2. 3. 32,17,22. 33. 36,3. Vgl. Aichach (Ysak ; Coppelman ; Hendlin; Israhel; Jacob gen. Rappe; Judel; Jutte; Lazarus; Michel; Mosse; Secklin; Ysackin.

Oesterreich Herzog Ernst 1386-1424, in Steiermark 1406; Herz. Friderich IV in Tirol 1386-1439 ; Herz. Leopold IV 1386-1411 : 61,26,27.
Ottingen (Otingen) Graf Friderich IV von ---, 1370-1423, Hofmeister K. Ruprechts 1407-1410: 46. 47. 50,2. 54,9. — Sein Bruder Ludwig XII von ---, 1378-1440 : 46. 47. — Juden vgl. Salman, Seligman.
Oppenheim a. Rhein Stadt 11. 12,4. 20,35. — Schultheiss und Rat 11. Burgmannen 11,5,28. 39 ff. Juden, Judischeit 11. 12. 16,11. 23,31. Isack von ---, Steuerbote K. Ruprechts 1. 6,12. 7. 8,11. 9. 12,11,12. 17. 18,31,35. 21,6. 22,19,21. — Seine (?) Mutter, Witwe u. Kinder 41,25,29.
Osnabrück (Osenbrucke) Stift, Juden 55.

Peter (Peder), Sohn des Pürckart Hoffner 33,21.
Pfalz d. i. Rheinpfalz 5,2.
Pfalzgraf (Herzog) Hans (Johann, Sohn K. Ruprechts, Pfalzgraf zu Neumarkt 1410-1433 : 4,29. 5,4.
Herzog Ludwig III, Sohn K. Ruprechts, Reichsvikar für Deutschland 1401-1402, Kurfürst 1410-1436 : 4,29. 5,4. 63,9,10. — Sein jüdischer Hintersasse in Frankfurt s. Symelin.
Pfintzing, Berthold, in Nürnberg 32.
Pinchas s. Lieberman.

Rappe von Nürnberg s. Jacob genannt Rappe.
Ravensberg Katanspürg Grafschaft, Juden 55. Anna, Gräfin zu , s. Berg.
Regensburg Stadt 5,23,25. — Der Rat 5,27. 29,21. 18,32. 19,31. Gemeinde, Bürger 5. 27. 29,26. 18,32. — Juden 5. 20,23,25. Vgl. Sussmann; Vyvel.
Rodenstein i. Odenwald, Herr Hermann von , Ritter, Rat K. Ruprechts, Landvogt i. d. Wetterau 16. 23,3. 25. 28,25. — Sein Knecht 16,32.
Rosenkrantz, Bote K. Ruprechts 26,2.